Introducción a la inteligencia artificial

Yolanda López Benítez

 ic editorial

Introducción a la inteligencia artificial
© Yolanda López Benítez

1ª Edición

© IC Editorial, 2024

Editado por: IC Editorial
c/ Cueva de Viera, 2, Local 3
Centro Negocios CADI
29200 Antequera (Málaga)
Teléfono: 952 70 60 04
Fax: 952 84 55 03
Correo electrónico: iceditorial@iceditorial.com
Internet: www.iceditorial.com

ISBN: 978-84-1184-478-9
Depósito Legal: MA 2716-2024

Impresión: PODiPrint
Impreso en Andalucía – España

Nota de la editorial: IC Editorial pertenece a Innovación y Cualificación S. L.

Índice

OBJETIVOS GENERALES

El objetivo general del título **Introducción a la inteligencia artificial** es el siguiente:

➲ Navegar por la historia de la inteligencia artificial para saber la esencia sobre la que se sustenta el complejo mundo de esta tecnología, reconociendo así la razón de su existencia y desarrollo de su potencial.

Introducción a la inteligencia artificial

Contenido

Objetivo

El objetivo general de esta Unidad de Aprendizaje es:

→ Navegar por la historia de la inteligencia artificial para saber la esencia sobre la que se sustenta el complejo mundo de esta tecnología, reconociendo así la razón de su existencia y desarrollo de su potencial.

→ Los objetivos específicos de esta Unidad de Aprendizaje son:

→ Temporalizar los acontecimientos históricos y a los protagonistas para comprender la inteligencia artificial moderna.

→ Identificar avances tecnológicos basados en inteligencia no natural.

→ Comprender en qué consiste una red neuronal artificial observando las similitudes con una red neuronal natural.

→ Conocer el papel clave de la mujer en el campo de la inteligencia artificial.

→ Conocer el lado oscuro de la inteligencia artificial.

→ Enumerar los principios de la inteligencia artificial de la OCDE.

→ Conocer los campos de aplicación de la inteligencia artificial y aplicaciones prácticas.

→ Identificar las capacidades humanas que adopta la tecnología basada en la inteligencia artificial para igual o incluso llegar a superar las habilidades naturales del ser humano.

→ Distinguir las ramas de la inteligencia artificial: *Machine Learning* (ML) y *Deep Learning* (DL).

→ Señalar el concepto de *Big Data* como elemento clave que impulsa a la inteligencia artificial como artífice del desarrollo de la Industria 4.0.

1. Introducción

En un mundo desarrollado donde coexistirán personas y máquinas, es necesario entender y comprender no solo el papel otorgado a las nuevas tecnologías, sino también la labor del ser humano en este escenario. Ambos actores desempeñarán tareas de vital importancia, siendo el objetivo principal el de trabajar de manera armoniosa para alcanzar una meta exigente: **mejorar la calidad de vida de las personas y hacer fácil su existencia.**

Más allá de librar una batalla entre los humanos y los ingenios tecnológicos, esta unidad pretende explicar los fundamentos básicos de la inteligencia artificial (IA) como un proceso de innovación tecnológica sin precedente, que conseguirá que la vida en el planeta sea más sencilla para las personas que lo habitan.

Para ello, nos basaremos en el caso de Stephanie, una mujer que, tras algunas dificultades que la vida le planteó, se armó de gran valor para adentrarse en un mundo hasta ahora desconocido y que actualmente es su medio de vida.

2. Definición. Historia

👉 HILO CONDUCTOR

Hace algún tiempo Stephanie sufrió un duro golpe al fallecer su marido. Ella por entonces era una jovencísima ama de casa y él, trabajador de la construcción. Sin embargo, esa no fue la única mala noticia que recibió. Una dura enfermedad diagnosticada a su hijo menor llamó a la puerta. Stephanie se encontró en una dificilísima situación. Pasados algunos años, y ya con su hijo bastante más recuperado, recuerda aquellos instantes en los que tuvo que tomar la decisión de afrontar con firmeza y seguridad retos muy duros e importantes.

El periplo por el que Stephanie tuvo que pasar hasta que su hijo Juan consiguió mejorar de su enfermedad le sirvió para adentrarse en un mundo desconocido pero realmente fascinante. Stephanie no fue consciente en aquella mala época que todo lo vivido le permitiría adentrarse profesionalmente en el universo de la inteligencia artificial. Esta nueva puerta que abrió la enfermedad de Juan fue para Stephanie una increíble oportunidad para codearse y aprender de personajes muy importantes.

Dar una definición al concepto de **inteligencia artificial** puede resultar algo complejo y casi imposible de hacer. Lo mismo ocurre si se pretendiera explicar la **inteligencia humana** desde una sola perspectiva. Véase aquí un sencillo ejemplo de algunas "inteligencias" estudiadas científicamente asociadas a los seres humanos.

➲ INTELIGENCIAS MÚLTIPLES (Howard Gardner)

- ۩ INTELIGENCIA naturista
- ۩ INTELIGENCIA interpersonal
- ۩ INTELIGENCIA intrapersonal
- ۩ INTELIGENCIA musical
- ۩ INTELIGENCIA kinestésico-corporal
- ۩ INTELIGENCIA espacial
- ۩ INTELIGENCIA lingüística
- ۩ INTELIGENCIA lógico-matemática

➲ INTELIGENCIA EMOCIONAL (Daniel Goleman)

- ۩ INTELIGENCIA interpersonal
- ۩ INTELIGENCIA intrapersonal

➲ INTELIGENCIA CONTEXTUAL (Joseph Nye)

- ۩ Aplicación práctica de la intuición sobre situaciones futuras

  - ⇕ INTELIGENCIA intuitiva

- ۩ Gestión de variables contextuales que impactan en el presente
- ۩ Conocimiento de eventos relevantes del pasado

➲ INTELIGENCIA TRIÁRQUICA (Robert J. Sternberg)

- ۩ INTELIGENCIA práctica
- ۩ INTELIGENCIA creativa
- ۩ INTELIGENCIA analítica

Esta multiplicidad de inteligencias como lentes distintas de pensamiento es una muestra representativa de que el cerebro tiene un enorme potencial.

De la misma manera, definir la inteligencia de las máquinas también es un gran reto. Algunos expertos en diferentes disciplinas científicas describen así lo que supone para ellos la inteligencia artificial:

- **Geoffrey Hinton. Informático de profesión. Premio Turing en el año 2018:** "Siempre he estado convencido de que la única forma de hacer que funcione la inteligencia artificial es hacer el cálculo de manera similar al cerebro humano. Ese es el objetivo que he estado persiguiendo. Estamos progresando, aunque todavía tenemos mucho que aprender sobre cómo funciona realmente el cerebro".

- **Sebastian Thrun. Profesor de Inteligencia Artificial en la Universidad de Stanford. Fundador de Udacity:** "Nadie lo expresa de esta manera, pero creo que la inteligencia artificial es casi una disciplina de humanidades. Es realmente un intento de comprender la inteligencia y el conocimiento humano".

- **Sarah Aerni. Directora de _Machine Learning_ en Salesforce. Ingeniera de profesión y experta en tecnología:** "Tan importante es educar a las nuevas generaciones que vienen como también creo que es importante enseñar a la fuerza laboral existente, para que puedan entender cómo hacer que la inteligencia artificial les sirva a ellos y a sus roles".

- **Eliezer Yudkowsky. Fundador de MIRI e investigador de la inteligencia artificial:** "Con mucha diferencia, el mayor peligro de la inteligencia artificial es que las personas concluyen demasiado pronto que la entienden".

2.1. Aristóteles: génesis de la inteligencia artificial

Sería imposible comprender el sorprendente mundo de la inteligencia artificial sin iniciar el recorrido de su historia revisando las pistas de importantes filósofos, como las que dejó **Aristóteles** a través de sus retóricas, y que han contribuido enormemente al desarrollo de las más avanzadas tecnologías.

Aristóteles tuvo la capacidad de ser la primera persona en redactar con un simple recurso (su pensamiento) un conjunto de normas que gobernarían la faceta racional de la inteligencia humana.

IMPORTANTE

A raíz de las formulaciones de Aristóteles en las que desarrolló una manera informal para hacer razonamientos, quedó definido el principio por el cual era posible la extracción de conclusiones de forma mecánica partiendo de indicios o premisas iniciales.

El **principio del razonamiento lógico de Aristóteles** venía a dar respuestas a cuestiones filosóficas como estas:

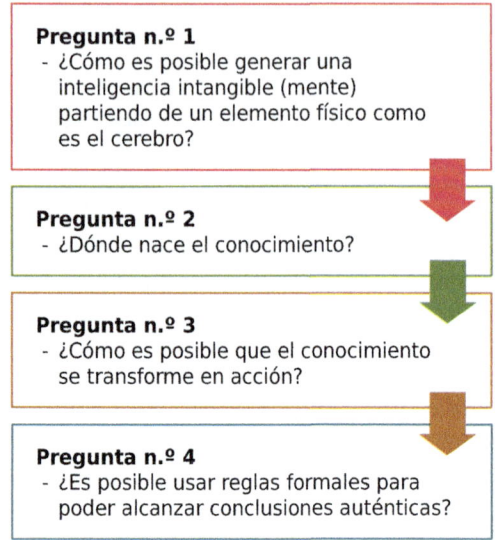

Pregunta n.º 1
- ¿Cómo es posible generar una inteligencia intangible (mente) partiendo de un elemento físico como es el cerebro?

Pregunta n.º 2
- ¿Dónde nace el conocimiento?

Pregunta n.º 3
- ¿Cómo es posible que el conocimiento se transforme en acción?

Pregunta n.º 4
- ¿Es posible usar reglas formales para poder alcanzar conclusiones auténticas?

2.2. Otros personajes ilustres de la historia que dieron impulso a la IA

Ya después de Cristo, y con la base del razonamiento aristotélico, fueron muchos los genios que intervinieron en el acondicionamiento del camino que facilitó el desarrollo de la inteligencia artificial con interesantes y necesarias aportaciones.

A continuación, conocerás algunos de estos talentos:

- **Ramon Llull (1232-1315):** formuló que el razonamiento útil podría conquistarse a través de fórmulas artificiales.
- **Leonardo da Vinci (1452-1519):** diseñó, entre otras muchas cosas, el mecanismo de una calculadora funcional.
- **Thomas Hobbes (1588-1679):** formuló que el razonamiento era lo más parecido a una fórmula computacional, es decir, el humano suma y su pensamiento resta sin que este se dé cuenta.
- **Wilhelm Schickard (1592-1635):** creó con las anotaciones de Da Vinci la primera calculadora.

➲ **Gottfried Leibniz (1646-1716):** formó un artilugio mecanizado con la finalidad de ejecutar operaciones sobre concepciones y no sobre datos numéricos.

En el siglo XVII un transcendental filósofo, matemático y físico, hizo notables aportaciones al campo de la inteligencia artificial. Se trata del conocido autor del *Discurso del método,* **René Descartes.**

Descartes consiguió resolver problemas geométricos con maniobras de álgebras como único instrumento. Hay que entender que, antes de este descubrimiento, el método utilizado para dar soluciones a problemas geométricos era haciendo uso de un simple compás y una sencilla regla.

Gracias a la labor de Descartes, los conocimientos geométricos de entonces pudieron ser traducidos a la geometría analítica que representan, mediante ecuaciones, las figuras geométricas. Estos conocimientos son aplicados actualmente al campo de la inteligencia artificial.

 APLICACIÓN PRÁCTICA

Rodrigo acaba de inaugurar un centro dirigido a un joven alumnado. A través de talleres podrán iniciarse en el manejo de las nuevas tecnologías. Aunque las clases serán principalmente prácticas muy orientadas al aprendizaje de programación, él entiende que es vital que los participantes conozcan aquellos personajes de la historia que abrieron las sendas del desarrollo tecnológico.

¿A qué personaje se está refiriendo Rodrigo, cuando explica que fue la primera persona que formuló que el razonamiento útil podría conquistarse a través de fórmulas artificiales?

Solución

Fue Ramon Llull quien proporcionó este juicio. Él vaticinó a principios del siglo XIV que podría ser factible que una máquina o artilugio pudiera ser capaz en un futuro de ofrecer un razonamiento similar al humano para llegar a conclusiones útiles.

La sabiduría de Descartes quedó recogida en su obra *Discurso del método* (1637). Supo definir con qué fórmula era posible **conducir con eficiencia la**

razón (capacidad para distinguir lo verdadero de lo falso), con idea de buscar la verdad que proporciona la investigación científica (criterios de verdad y método de investigación).

El **método cartesiano** de Descartes proponía **cuatro reglas.** El objetivo principal de esta técnica era evitar el error y permitir la deducción de aquello que ya es conocido:

1. **Evidencia:** Descartes define la intuición como aquello que es capaz de hacer que la mente fotografíe una idea de forma inmediata. Él considera que únicamente podrá determinarse que una cosa es verdadera si es evidente y para que sea evidente deberá ser puramente racional o intuitiva (capacitación intelectual rápida que no permita una cadena de deducciones en la que participen distracciones sensoriales). Por tanto, la inteligencia intuitiva está caracterizada, según Descartes, por la ausencia de error u opacidad. Por tanto, no existe ningún punto intermedio entre lo que es verdadero y lo que es falso, de modo que ante cualquier duda debe ser rechazado como verdadero.
2. **Análisis:** Descartes propone segmentar una dificultad planteada en un problema en varias partes. De esta manera, podrá ser más fácil resolver las pequeñas dificultades o partes que componen la idea compleja.
3. **Síntesis:** Descartes propone simplificar lo complejo e ir ascendiendo de lo desconocido a lo conocido para ir de nuevo armando la idea con las deducciones y las consecuencias derivadas, partiendo de lo absolutamente cierto. De alguna manera, esta tercera regla da instrucciones al pensamiento, iniciando el camino de la resolución del problema por aquellas partes más simples para ir aumentando el nivel de complejidad. A partir de aquí, Descartes plantea la síntesis como procedimiento ordenado de deducción lógica enlazando toda la concatenación de ideas.
4. **Comprobación:** tras analizar y sintetizar, queda el hecho de la comprobación. Se trata de observar que no se ha omitido nada importante, ni existido error en el procedimiento llevado a cabo para encontrar la solución al problema y alcanzar la certeza.

Descartes pronosticó en la 5.ª parte del *Discurso del método* un problema que dividiría a la **inteligencia humana** de la **inteligencia de las máquinas.** Como buen filósofo, planteó perspicaces preguntas con idea de que fueran otros los que dieran respuestas certeras. Sin embargo, a día de hoy, con toda la innovación tecnológica al servicio de la humanidad, aún no se han podido traspasar las barreras que separan la inteligencia natural de la sintética.

¿Qué línea divisoria pronosticó Descartes?

En la revista de *Filosofía*, n.º 12, fechada en noviembre de 2016, se publicó un artículo de Manuel Carabantes López, llamado "El pronóstico de Descartes". Este trata sobre los problemas que generaría la inteligencia artificial, y viene a decir lo siguiente:

> *"Tras dedicar casi toda la extensión de la quinta parte del Discurso a extractar la mencionada obra, que sería publicada con el título de El tratado del hombre (Le traité de l'homme) en 1662 por Florentius Schuyl, Descartes concluye que sería posible mediante ingeniería reproducir la apariencia física de cualquier ser vivo de manera perfecta. De los animales, dice, además de la apariencia, podría duplicarse toda su conducta. Y de los seres humanos, casi toda ella, a excepción de dos facultades observables que, por ser exclusivas del alma, no es moralmente posible que se puedan recrear manipulando la materia. Esas dos facultades son el lenguaje natural y la flexibilidad de nuestro intelecto para habérselas con problemas de todo tipo". (Descartes, 1637:92; AT VI: 56). (López, 2016).*

En la actualidad, la inteligencia artificial se encuentra aún inmersa en el reto que Descartes formuló para que esta pudiera igualarse a la inteligencia humana.

Debido a que Descartes defiende que el lenguaje es flexible y, gracias a ello, es posible demostrar que el humano piensa, él pronosticó la dificultad que entramaría la construcción de máquinas programadas eficientemente, capaces de entender el lenguaje humano para evidenciar que son artilugios pensantes.

2.3. El origen de la inteligencia artificial

En los años cuarenta, **Alan Turing** y un grupo de investigadores dieron las primeras pinceladas en la definición de lo que hoy en día se conoce como **inteligencia artificial.** En aquellos años realizaron un estudio neurológico que abordaba el aprendizaje y la manera en que las neuronas procesaban esa información en el cerebro humano.

Matemático de profesión, Alan Turing fue un ingenioso investigador que fue capaz de formalizar el concepto de algoritmo y el término de computación. También fue un experto reconocido, ya que participó en la creación de una máquina que encriptaba mensajes. Es considerado por la ciencia como el padre de la inteligencia artificial.

⊕ PARA SABER MÁS

Se conoce como máquina de Turing al artilugio que fue capaz de realizar infinidad de cálculos matemáticos, siempre y cuando pudiera representarse el algoritmo.

Fue un dispositivo novedoso que permitía simular la lógica. Sirvió como teoría de la computación que más tarde derivó en el nacimiento de los ordenadores. (© Fotografía: IBPhotography / Shutterstock.com)

Si quieres profundizar en el origen y funcionamiento de esta máquina, puedes dedicarle el tiempo que veas conveniente a la visualización de esta interesante charla liderada por Javier García:

https://redirectoronline.com/ifct163po0101

Transcurridos algunos años de que Alan Turing participara en la creación de la máquina criptográfica, este intrépido matemático fue capaz de afrontar la dificultad que exigía una supuesta inteligencia artificial por medio de un experimento reconocido con el nombre de **test de Turing.**

¿Qué pretendía Alan Turing con la creación de este test?

El **objetivo** principal que se perseguía con el **test de Turing** era poder obtener respuestas concluyentes que permitieran crear un **estándar** de "máquina inteligente".

 SABÍAS QUE...

El test de Turing es una prueba de capacidad de la máquina para que esta pueda hacer alarde de un comportamiento denominado "inteligente", emulando el propio del ser humano.

La propuesta de Alan Turing para realizar el test era la siguiente:

Evaluar conversaciones (en un lenguaje lo más natural posible) entre personas y una máquina configurada para proporcionar respuestas parecidas a las que ofrece un ser humano.

La persona encargada de la evaluación sería quien conocería que uno de los participantes del programa (conversación) era una máquina, por lo que debían estar separados para mantener esta "normal" conversación.

La conversación transcurriría por medio de teclados, ordenadores y monitores.

En el supuesto de que la persona encargada de evaluar la prueba no fuera capaz de distinguir entre la máquina y los participantes cuál es el que habla, la máquina se daría por válida.

 **NOTA**

Alan Turing propuso para esta prueba que la máquina debía "engañar" al evaluador, al menos, durante los primeros 5 minutos después de iniciarse la

Continúa en página siguiente >>

<< Viene de página anterior

conversación y que no se tendría en cuenta el acierto de las respuestas, simplemente la habilidad de la máquina para ofrecer respuestas parecidas a las que cualquier persona pudiera dar.

A raíz de la revolución que supuso el test de Turing, nacieron nuevas versiones de este. Una de estas variantes proponía invertir el procedimiento de la prueba. Véase a continuación cómo queda resumido este cambio en los dos tipos de procedimientos:

- **Test de Turing original:** la máquina tratará de actuar como lo hace un humano.
- **Test de Turing inverso (variante del test):** el humano tratará de actuar como lo hace una máquina.

Como resultado de esta variante de test, el conocido filósofo **John Danaher** sintetizó esta interesante prueba en cuatro puntos importantes:

- **Cálculos lógico-matemáticos:** deduce que las máquinas son mucho más precisas y rápidas que las personas. Esto implicaría que, para partir con las mismas condiciones, las normas del proceso deberían modificarse a fin de ajustar el tiempo para realizar las operaciones y el tipo de las instrucciones.
- **Generación de números aleatorios:** deduce que la inteligencia humana es medianamente pésima para generar números aleatorios o secuencias al azar, de tal manera que habría que concretar pequeñas pruebas para no delatar al participante humano.
- **Sentido común:** deduce que la inteligencia humana es rica en aplicar el sentido común (capacidad para valorar situaciones con acierto), cosa que las máquinas no, ya que se alimenta de saberes populares (creencias, conocimientos, experiencias de las comunidades) que pueden advertir de cómo buscar una solución a problemas ya resueltos. Esto aventajaría al humano frente al combate con la máquina.
- **Raciocinio:** deduce que las máquinas son más objetivas aplicando un proceso para resolver un problema más razonado que el que utiliza el ser humano, ya que este último puede interpretar juicios de valor no razonados.

Otra versión del test de Turing pretende retar a la máquina para que esta sepa distinguir si está interactuando con otra máquina o, por el contrario, con un ser humano.

 **EJEMPLO**

¿Sabías que es muy probable que hayas participado sin darte cuenta en alguna versión del test de Turing?

Lee detenidamente esta argumentación recogida de la conocidísima enciclopedia de *Google* y tendrás pronto la respuesta.

> *"CAPTCHA es una forma de la prueba de Turing en reversa. Antes de ser capaz de realizar una acción en un sitio web, se le presenta al usuario una serie de caracteres alfanuméricos en una imagen distorsionada y se le pide que lo ingrese en un campo de texto. Esto tiene como propósito la prevención de la entrada de sistemas automatizados comúnmente usados para el abuso del sitio web. La razón detrás de esto es que el software suficientemente sofisticado para leer y reproducir la imagen con precisión no existe aún (o no está disponible para el usuario promedio) por lo que cualquier sistema capaz de pasar la prueba debe ser humano".*

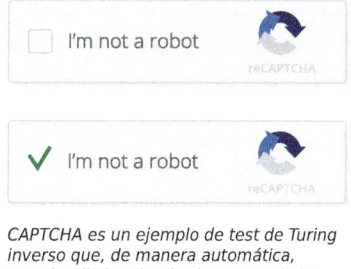

CAPTCHA es un ejemplo de test de Turing inverso que, de manera automática, permite distinguir a los humanos de los ordenadores.

¿Podrías llegar a imaginar qué avances hubieran acontecido si el fallecimiento de Alan Turing no hubiera sido tan prematuro?

El gran genio Alan Turing fue víctima de la homofobia. Sufrió en sus propias carnes el odio extremo de parte de la sociedad de entonces por ser homosexual. A sus 42 años (1954) fue asesinado de manera violenta tras ser engañado e ingerir cianuro impregnado en una manzana.

El mundo entonces perdió la gran oportunidad de disfrutar de los avances que sin duda hubieran llegado de su mano si no hubiera existido este drástico e inmerecido final.

Alan Turing, además de proponer su famoso test y definir genéricamente los algoritmos, encuadró por primera vez conceptos que, a día de hoy, son relevantes, como el aprendizaje automático y el aprendizaje por refuerzo.

 ## ACTIVIDAD COMPLEMENTARIA

1. Tal y como se ha comentado a lo largo del contenido hasta ahora visto, existen numerosas versiones del test de Turing que han ido mejorando la eficacia de este tipo de pruebas, hasta tal punto de encontrar aplicaciones prácticas a día de hoy muy utilizadas, como es el ejemplo mostrado de CAPTCHA.

   Basándote en todo ello, indaga en el ecosistema de internet algún tipo de versión del test de Turing no visto, que te llame la atención.

Aunque Alan Turing fue esencial en el nacimiento de la inteligencia artificial, el impulso definitivo que dio rienda suelta al desarrollo de la IA está asociado a una investigación desarrollada por el neurofisiólogo **Warren McCulloch** y el matemático **Walter Pitts,** iniciada en el año 1943.

Esta investigación se sustentaba en una base de conocimiento científico. Como resultado del estudio se obtuvo el **primer modelo neuronal moderno.**

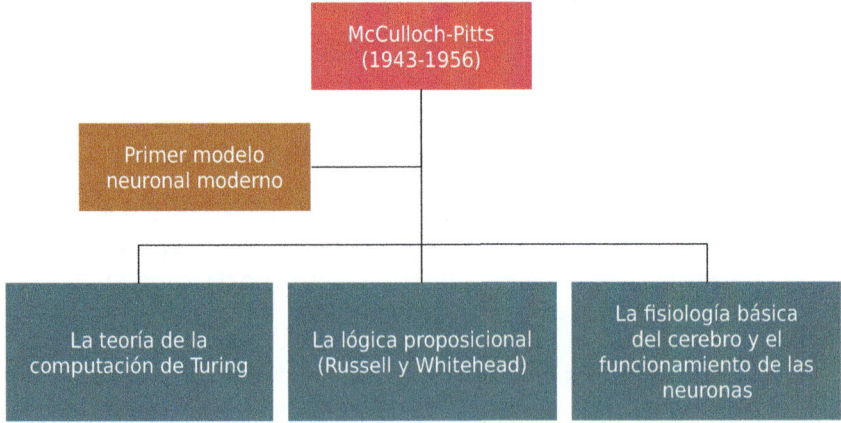

El primer modelo neuronal proponía de forma innovadora neuronas artificiales interconectadas mediante conectores lógicos conformando una estructura en forma de red. Esto significaba que cualquier función que permitiera un cálculo podría ejecutarse mediante estas neuronas artificiales.

 **NOTA**

A raíz del primer modelo neuronal artificial formulado por McCulloch y Pitts, surgieron otros modelos neuronales.

El primer modelo neuronal artificial de McCulloch-Pitts

McCulloch y Pitts fueron unos grandes investigadores que tuvieron la habilidad de trasladar los conocimientos científicos sobre las neuronas que conforman el cerebro humano y su funcionamiento al campo de la computación.

Promulgaron un mensaje matemático que definió la neurona artificial como una unidad de cálculo que serviría de patrón al comportamiento de la neurona humana.

En la siguiente imagen se puede observar la función de activación de una neurona artificial debido a la conexión de impulsos.

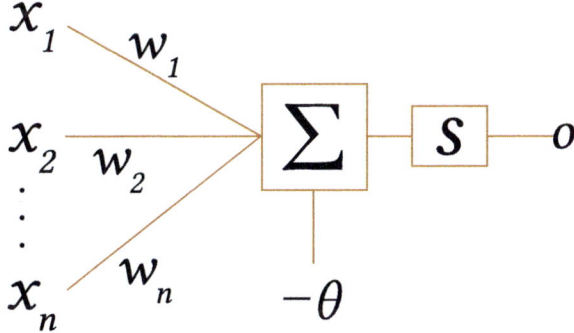

Representación del resultado del cálculo en una neurona descrita por McCulloch y Pitts, que no es otra cosa que una suma ponderada de entradas continuada por una función de activación.

Si se desglosa la fórmula matemática propuesta por McCulloch y Pitts, se consigue describir la entrada y salida de estímulos a través de una neurona "sintética", imitando el proceso natural de una neurona "nativa".

➲ **Xi → Wi = Entrada** *(input)*

  ◉ **Xi** representa el valor de la i-ésima entrada, conocido como *input.*
  ◉ **Wi** representa el peso de la conexión que se produce entre la *i-ésima *input* y la neurona.
    *En matemáticas es muy común utilizar fórmulas de ordenamiento en tiempo cuando se dispone de una secuencia a tenor de una posición "i".

➲ *–0* **= Valor umbral**

  ◉ **-0** representa a la suma ponderada de *inputs* (W1X1 + W2X2 + W3X3...WnXn) que da como resultado lo que se conoce como nombre de "red". Se denomina valor umbral o threshold.

➲ *S* **= Función no lineal**

  ◉ S representa a la función no lineal que es una función de activación.

➲ *0* **= Salida** *(output)* **= red**

  ◉ *0* representa el impulso de salida *(output)* de la neurona, es decir, *0 = S* (red).

Neuronas

Para comprender mejor el modelo neuronal artificial visto en el apartado anterior que replica a la actividad neuronal humana, es importante que se comprenda bien cómo funciona el cerebro y, en particular, cómo se producen los impulsos nerviosos.

¡Pero antes observa qué forma tiene una neurona!

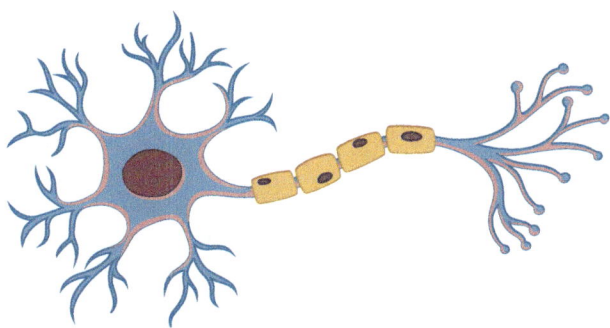

Representación de una neurona

DEFINICIÓN

Neurona
Es la principal célula del sistema nervioso que tiene como objetivo responder a estímulos mediante impulsos eléctricos. Las neuronas dan respuestas a las incitaciones advertidas, generando una señal eléctrica dirigida a otra compañera neurona.

Partes de una neurona

Gracias a las neuronas es posible tener actividad cerebral y que esta permita realizar infinidad de funciones lógicas. Llevado al contexto computacional, observar y estudiar las partes que conforman las neuronas y su funcionamiento, ha permitido mejorar la computación a nivel global. Esto significa que, a día de hoy, la capacidad de las máquinas es tremendamente destacable, admitiendo la simulación de cualquier tipo de programa computable.

Para comprender no solo la historia de la inteligencia artificial, sino también el futuro que traerá gracias a la velocidad y conectividad (5G) proporcionada por las nuevas tecnologías, es interesante abordar el potencial de trabajo de una simple neurona.

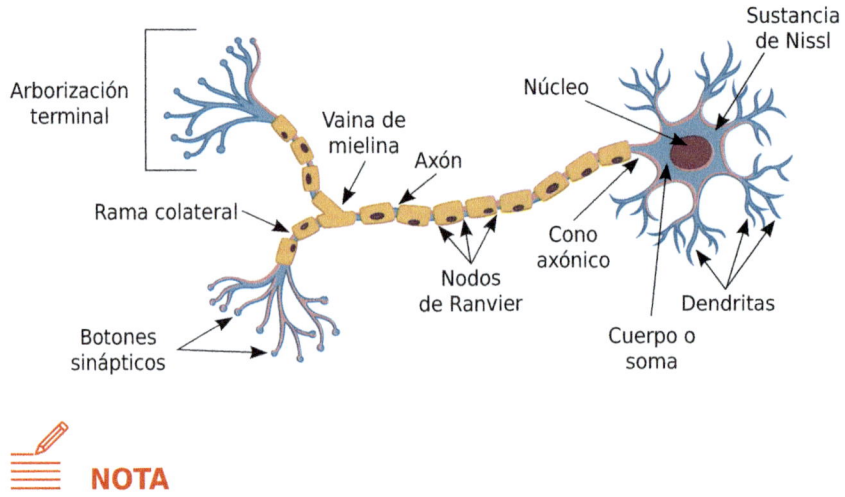

NOTA

No olvides que el sistema nervioso está compuesto principalmente de neuronas y, gracias a su conectividad y velocidad de acción, es posible procesar primero y transmitir después información a lo largo del sistema nervioso.

No todas las neuronas son iguales; su morfología dependerá de la actividad de la que se hará responsable. Sin embargo, es posible identificar en todos los tipos existentes de neuronas unos elementos o partes que sí son comunes:

- **Cuerpo celular:** aquí se aloja el núcleo de la neurona protegido por una membrana.
- **Axón:** cada neurona tendrá un axón único. El axón permite la conducción de la electricidad. Por él trascurren los impulsos nerviosos. Puede moverse a una velocidad de 100 metros por segundo y medir hasta un metro de largo.
  El axón está recubierto en todo su recorrido por células de Schwann. Ellas son las encargadas de producir una sustancia que facilita la trasmisión de los impulsos. Esta sustancia recibe el nombre de mielina. Metafóricamente hablando, el axón es como la fibra óptica y la mielina es el cobre que proporciona velocidad a la transmisión en las conexiones.
- **Dentritas:** es la parte de la neurona encargada de transformar las señales químicas recibidas desde el terminal del axón de otras neuronas para convertirlas en impulsos eléctricos.

⊃ **Botones sinápticos:** por aquí queda conectada la red de neuronas, comunicándose entre ellas. Estas uniones se denominan sinopsis o botones sinápticos.

NOTA

Como se puede observar, la red neuronal y su actividad es realmente compleja. Sin embargo, la capacidad e inteligencia humana ha sido capaz de replicar este modelo natural recreando un modelo de red computacional.

Impulso nervioso

Gracias a los botones sinápticos, la comunicación entre neuronas es fluida pero no conectada, ya que realmente las neuronas entre ellas no están íntimamente enlazadas. En realidad, el proceso sinóptico permite que los mensajes se transfieran por medio de impulsos eléctricos (corriente de información) que son, en definitiva, los impulsos nerviosos.

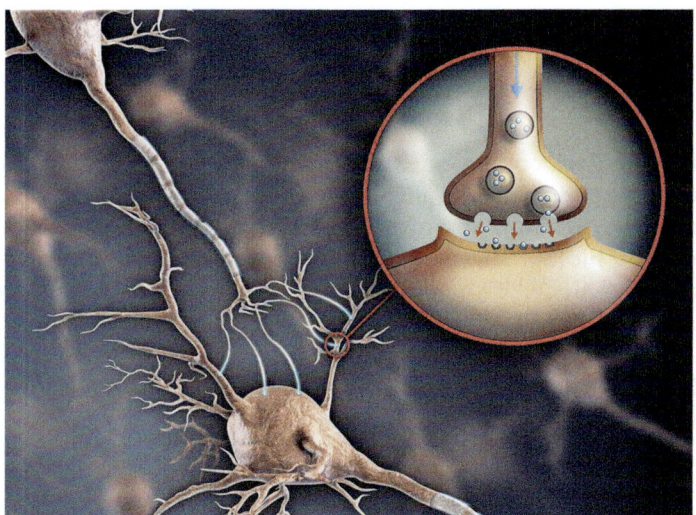

Los neurotransmisores son los encargados de transmitir, siempre a distancias cortas, los impulsos eléctricos durante la sinapsis.

A continuación vas a ver un vídeo que te hará reflexionar sobre la destreza humana para construir nuevos conocimientos fundamentados en saberes científicos, los cuales se aplicarán a otros contextos totalmente diferentes, como el que abordarás a lo largo de esta formación.

 ## VÍDEO

David Pérez Villena explica con gran claridad en este vídeo cómo es el complejo mundo que habita en el interior de cada ser humano, y que permite que exista actividad del sistema nervioso como si esto fuera un verdadero milagro.

https://redirectoronline.com/ifct163po0102

 ## APLICACIÓN PRÁCTICA

Julia necesita comprender el funcionamiento de la actividad neuronal para encontrar las similitudes con una red de neuronas artificiales. Para ello, es fundamental saber interpretar qué función tiene una neurona biológica. Sin embargo, Julia encuentra algunas dificultades para establecer dicha relación, ya que no tiene muy claro cuál es la funcionalidad de la neurona natural.

¿Podrías ayudar a Julia explicándole qué papel juegan las neuronas del cerebro humano?

Solución

Los impulsos nerviosos son generados y producidos gracias a las neuronas. Sin ellas no sería posible la sinapsis. Esto significa que no se podría liberar los neurotransmisores para transmitir ni obtener las instrucciones de célula a célula.

Si se comparan al mismo tiempo una red neuronal biológica con una **red neuronal artificial,** se podrá apreciar la emulación del modelo analógico (natural) de transmisión de la información mediante impulsos con el modelo digital (artificial).

Para que puedas establecer claras semejanzas entre la neurona artificial y la biológica, observa el resultado que muestran las siguientes imágenes:

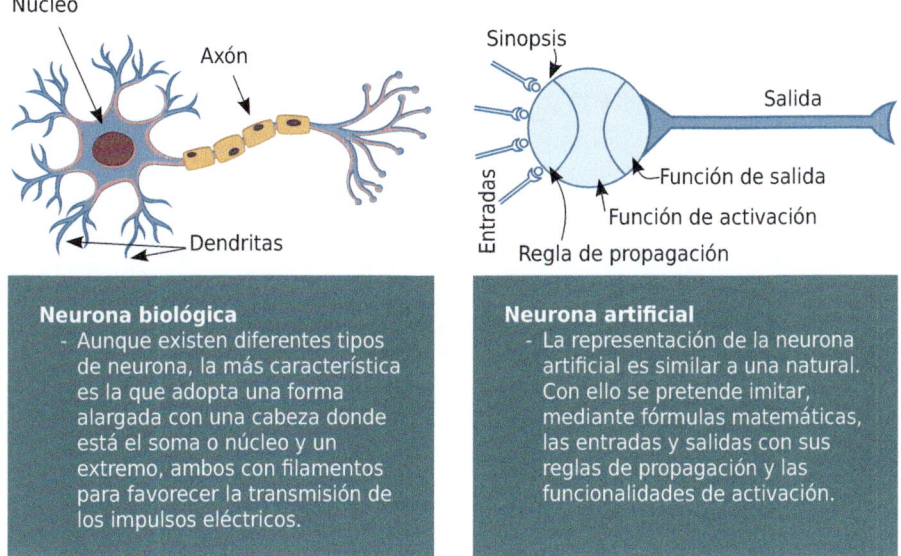

Neurona biológica
- Aunque existen diferentes tipos de neurona, la más característica es la que adopta una forma alargada con una cabeza donde está el soma o núcleo y un extremo, ambos con filamentos para favorecer la transmisión de los impulsos eléctricos.

Neurona artificial
- La representación de la neurona artificial es similar a una natural. Con ello se pretende imitar, mediante fórmulas matemáticas, las entradas y salidas con sus reglas de propagación y las funcionalidades de activación.

 **DEFINICIÓN**

Red neuronal artificial
Es la base de la inteligencia artificial que desarrolla maneras de programar las computadoras de forma "inteligente". Se inspira en el modo en el que funciona el cerebro de las personas transmitiendo señales a través de nodos, también denominados neuronas artificiales.

Diferencias y similitudes entre las neuronas naturales y las neuronas artificiales

Ahora que ya has podido visualizar cómo es una neurona artificial y cómo es otra biológica, vas a conocer cuáles son las diferencias entre ellas y cuáles sus similitudes:

Diferencias
- La transmisión de cualquier señal de una neurona biológica o de una célula es realmente un proceso químico, mientras que la neurona artificial emula este proceso mediante circuito eléctrico con operaciones complejas (códigos) a través de los cuales se constituyen los programas informáticos inspirados en el cerebro.
- La red neuronal biológica se compone de numerosas neuronas *(inputs* y *outputs)* que gestionan las tareas del cuerpo como son oír, ver, oler, sentir, etc., mientras que la red neuronal sintética se vale de computadores donde se expresa la lógica dando respuestas a problemas complejos.
- Las neuronas biológicas adquieren conocimiento gracias a un adiestramiento y a experiencias previas. Pueden olvidar lo aprendido en un momento dado, sin embargo, las neuronas artificiales almacenan definitivamente el aprendizaje adquirido.

Similitudes
- La transmisión de señales tanto en la red neuronal biológica como en una red neuronal artificial consiste en un proceso de entrenamiento instructivo (adiestramiento). Es decir, en ambas situaciones el entrenamiento sirve para reconocer el contexto y construir un conocimiento. Esto significa que ambos sistemas siguen criterios algorítmicos.
- El sistema neuronal artificial emula el proceso de las neuronas biológicas (*inputs* y *outputs*) permitiendo resolver problemas difíciles como puede ser el reconocimiento de la voz humana).
- Las neuronas biológicas aprenden y se actualizan de forma automática cuando advierten nuevos conocimientos, nuevos sentidos o nuevos conceptos, es decir, la mente humana es capaz de resolver situaciones complejas al acudir a la experiencia que ha ido acumulando a lo largo del tiempo. Igualmente la red neuronal artificial adquiere conocimiento a través de la propia experiencia.

Cómo se construye una red neuronal

La red neuronal artificial se edifica formando nodos conectados que permiten la transmisión de señales de entrada *(inputs),* generando después las salidas *(outputs).*

El principal objetivo de esta **artificial red neuronal** compuesta por nodos es llegar a poder realizar complejas operaciones que no son viables con la programación tradicional.

¿De qué manera consigue la red neuronal artificial resolver problemas complejos?

Para responder a esta pregunta se ha de saber que estos modelos persiguen aprender cómo han de modificarse a sí mismos de forma automática. Solo así será posible automatizar infinidad de funciones que hasta ahora solo eran capaces de ser ejecutadas por un cerebro humano.

2.4. SNARC: primer ordenador con estructura neuronal

Retomando el primer modelo neuronal propuesto por McCulloch y Pitts, fueron **Marvin Minsky** y uno de sus alumnos, **Dean Edmonds,** los encargados de crear en 1951 el **primer ordenador con estructura neuronal,** al que bautizaron con el nombre de **SNARC (calculadora de refuerzo analógico neuronal estocástico).**

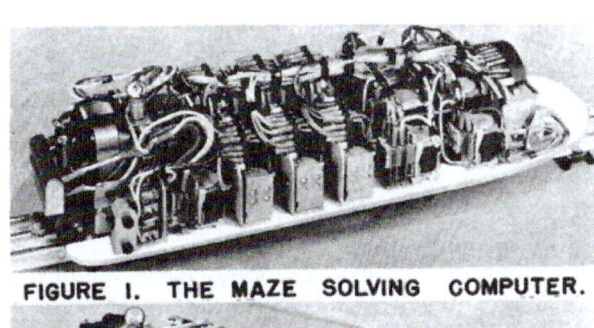

FIGURE I. THE MAZE SOLVING COMPUTER.

Imagen del SNARC (© Imagen: Tech Data Corporation / es.techdata.com)

NOTA

Con el SNARC se pudo demostrar la implantación de neuronas artificiales dentro de la máquina de Turing a través de un programa, generando así una red neuronal artificial cerrada o finita compuesta por 40 neuronas informáticas.

ACTIVIDAD COMPLEMENTARIA

2. SNARC fue el primer ordenador diseñado bajo una estructura neuronal. Puede decirse que es la primera computadora creada con el potencial de la inteligencia artificial. Pero, además, SNARC estaba compuesto de un material muy peculiar. ¿Podrías investigar en internet sobre qué componente permitió construir esta máquina neuronal?

2.5. El gran evento: Dartmouth

Avanzando en la línea de tiempo en la que va cobrando fuerza la inteligencia "sintética", destaca un nuevo personaje. Docente, además de investigador, tiene un gran peso específico en la historia de la inteligencia artificial. Su nombre **John Patrick McCarthy.**

McCarthy, como informático, contribuyó notablemente en el campo de la IA. Fue él quien acuñó por primera vez el término "inteligencia artificial" en la conocida **Conferencia de Dartmouth** en 1956. Pero, además, sus aportaciones en el campo de la informática fueron más allá. Creó un lenguaje de programación reconocido con el nombre de **Lisp**, a partir del cual se crearon la gran parte de los **sistemas de expertos.**

PARA SABER MÁS

La Conferencia de Dartmouth fue un evento organizado por John Patrick Mc-Carthy, una conferencia internacionalmente conocida por haber sido un lugar de encuentro de genios investigadores, donde quedó plantada la semilla que germinaría en el desarrollo de la inteligencia artificial para sacar su máximo potencial con el fin de que las máquinas simularan la inteligencia humana. Fueron 10 los participantes que asistieron a este encuentro, John McCarthy, Marvin Minsky, Claude Shannon, Ray Solomonoff, Alan Newell, Herbert Simon, Arthur Samuel, Oliver Selfridge, Nathaniel Rocherster y Trenchard More.

Accede al siguiente enlace para observar el acta fundacional de la conferencia de Dartmouth:

https://redirectoronline.com/ifct163po0104

Proponemos que durante el verano de 1956 tenga lugar en el Dartmouth College en Hanover, Nuevo Hampshire, un estudio que dure 2 meses, para 10 personas. El fin del estudio es proceder sobre la base de la conjetura de que cada aspecto del aprendizaje o cualquier otra característica de la inteligencia puede, en principio, ser descrito con tanta precisión que puede fabricarse una máquina para simularlo. Se intentará averiguar cómo fabricar máquinas que utilicen el lenguaje, formen abstracciones y conceptos, resuelvan las clases de problemas ahora reservados para los seres humanos, y mejoren por sí mismas. Creemos que puede llevarse a cabo un avance significativo en uno o más de estos problemas si un grupo de científicos cuidadosamente seleccionados trabajan en ello de forma conjunta durante un verano.

(McCarthy et al. 1955)

DEFINICIÓN

Sistemas de expertos

Sistema informático capaz de emular el razonamiento propio del ser humano de la misma manera que lo concebiría un experto especializado en un área de conocimiento.

2.6. *Logic Theorist*

Dos de los participantes de Dartmouth, **Alien Newell** y **Herbert Simon,** junto con Cliff Shaw, desarrollaron en 1956 el programa ***Logic Theorist.***

¿En qué consistía este programa?

Los conocimientos de Newell como psicólogo cognitivo y científico experto en informática, los saberes de Simon como economista, sociólogo además de político, y la preparación de Shaw como programador de sistemas informáticos, hicieron posible la creación de un enmarañado sistema para gestionar la información a través del cual quedaban exhibidos comportamientos parecidos al de los humanos, en cuanto a la resolución de problemas matemáticos.

⊃ **Demostración de teoremas:** se consiguió demostrar que era posible que la máquina con este programa fuera capaz de resolver teoremas complejos como si se tratara de un genio matemático, llegando a resolver numerosos teoremas de los recogidos en los *Principia Mathematica I, II, III.*
   Anotación de Herbert Simon

LT se basó en el sistema de Principia mathica, en gran parte porque una copia de ese trabajo se encontraba en mi estantería. No había intención de hacer una contribución a lógica simbólica, y el sistema de Principia estaba lo suficientemente anticuado en ese momento como para ser inapropiado para ese propósito. Para nosotros, la consideración importante no era la tarea precisa, sino su idoneidad para demostrar que una computadora podía descubrir soluciones a problemas en un dominio no numérico complejo mediante una búsqueda heurística que utilizaba heurísticas humanoides". (Simon, "Allen Newell: 1927-1992", Anales de la Historia de la Computación, 20 [1998] 68). (Citado en el artículo de HistoryofInformation.com, de Jeremy Norman y traducida al español.

Consultado el 23 de octubre de 2020).

- **Definición del sistema complejo de procesamiento de la información:** se consiguió dejar definido en un texto el programa íntegro, quedando publicado de manera oficial bajo el título "IRE Transactions en Teoría de la Información IT-2, 61-79".
- **Demostración práctica del programa:** dos de los progenitores de *Logic Theorist,* Newell y Simon, asistieron a la conferencia de Dartmouth, pudiendo presentar de manera práctica este descubrimiento que protagonizó dicho evento sobre inteligencia artificial.

 IMPORTANTE

Gracias a que *Logic Theorist* permitió la resolución de teoremas complejos, se inició una incursión a la inteligencia artificial en la aplicación de métodos intelectuales de gran orden.

Se ha de destacar que, en la época en la que *Logic Therorist* fue creado, aún no había cabida a un tipo de lenguaje de programación de computadoras capaces de dar solución a problemas asociados a un alto nivel intelectual. Como respuesta, se diseñaron programas que utilizaban lenguajes mediante símbolos para hacer efectivo el procesamiento de los datos. Esto permitía aprovechar partes de memoria del sistema con información ya no relevante, para ser aprovechado de nuevo este espacio. De esta forma, nace un repertorio de lenguajes de programación anteriormente descritos llamados Lisp.

Pero *Logic Theorist* escondía otros recursos interesantes que, a día de hoy, se siguen manejando:

- **Árbol de decisión:** *Logic Theorist* se pensó como método que, a día de hoy, se reconoce con el nombre de árbol de decisión para la resolución de problemas complejos, donde:

  - La raíz del árbol es la hipótesis.
  - Las ramas del árbol son deducciones diferentes de la investigación y donde en una de estas ramas se localiza la demostración de la hipótesis planteada.

- **El aspecto heurístico de la IA:** se llegó a la conclusión de que cuantas más ramas tuviera el árbol de decisión, más dificultades podían esgrimirse, por lo que se ofrece una solución a esto:

◊ La definición de normas a la hora de implementar *Logic Therorist*.

⇕ Reglas para descartar ramas y mejorar la velocidad para dar con la solución correcta.

⇕ Abrir un campo nuevo de investigación asociado al estudio de la IA conocido como "∗heurísticas de la inteligencia artificial". ∗Etimológicamente, el concepto "heurística" significa "hallar" que, aplicado al conocimiento, puede definirse como "la ciencia del descubrimiento".

Reglas heurísticas de la IA

Las **reglas heurísticas** sirven como instrucciones generales a la hora de realizar búsquedas de una solución a un problema y también como elementos organizativos en el transcurso de la resolución.

> Se debe separar lo dado de aquello que es buscado.

> Se han de confeccionar figuras para analizar: mapas conceptuales, esquemas, etc.

> Se tiene que dar representación a las magnitudes proporcionadas y aquellas que se buscan con variables.

> Se debe determinar si se disponen de fórmulas correctas.

> Hay que sustituir datos por números y estructuras simples.

> Se ha de hacer una reformulación del problema.

 **IMPORTANTE**

Según Newell, Simon y Shaw, aplicar una estrategia heurística puede dar con la solución de un problema, pero su aplicación no garantiza que pueda encontrarse dicha solución.

2.7. *General Problem Solver (GPS):* el solucionador general de problemas

En el año 1957 Simon, Shaw y Newell diseñaron el primer programa informático que tenía por finalidad resolver problemas generales. Este acontecimiento supuso un hito en la historia de la inteligencia artificial, ya que hasta esa fecha se prejuzgaba que las computadoras solo podrían resolver problemas concretos y no de tipo general.

El programa en cuestión recibió el nombre de ***General Problem Solver,*** y es reconocido en el ámbito de la informática como **GPS.**

¡Presta atención al gráfico que viene a continuación que refleja la simple estructura que tenía el GPS!

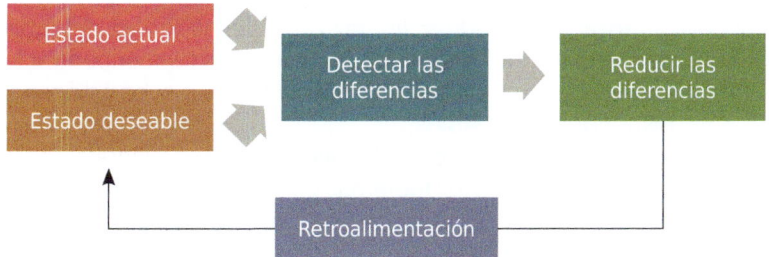

Esquema versionado del programa GPS donde se observa que el solucionador general de problemas hace una comparativa de forma reiterada (ciclo) de los dos estados iniciales para ir reduciendo diferencias, hasta encontrar la solución del problema.
Fuente: La máquina de von Neuman

 **SABÍAS QUE...**

Con la ayuda del GPS fue posible resolver con inteligencia artificial una partida de ajedrez.

2.8. La extraordinaria máquina de Gelernter: *Geometry Theorem Prover*

Un nuevo e importante acontecimiento tuvo lugar en 1959, esta vez de la mano del no tan conocido **Herbert Gelernter.** Aunque la huella que dejó en la historia de la inteligencia artificial no es muy popular, su invento fue realmente innovador.

Gelernter consiguió crear un artilugio denominado **Geometry Theorem Prover,** capaz de demostrar teoremas de geometría.

El método que utilizó este profesor para programar el computador fue el siguiente:

1. **Teorema que demostrar:** la máquina debía partir del teorema que tenía que resolver.
2. **Resultados intermedios:** en vez de ir desde la raíz del árbol del problema hasta las distintas ramas ascendentes para encontrar la solución pertinente, la máquina de Gelernter retrocedía e iba edificando diferentes resultados intermedios.
3. **Teoremas conocidos:** con el análisis de los resultados intermedios, la máquina encontraba los teoremas conocidos.

 IMPORTANTE

Herbert Gelernter consiguió evadir las dificultades que presentaba el sistema ramificado de resultados intermedios (numerosas ramas en el árbol del problema), incorporando un módulo en el programa informático que iba comprobando de forma numérica algunos de los resultados planteados, focalizando así sin esfuerzo la resolución del problema, ya que rechazaba aquellas insignificantes ramas que no tenían salidas pero que gastaban energía.

- -

¿Imaginas qué conocido teorema fue capaz de resolver el artilugio creado por **Gelernter?**

La cuestión es que este impresionante programa permitió dar con la solución a un teorema que, para Gelernter, era totalmente desconocido: se trataba del **teorema del triángulo isósceles.**

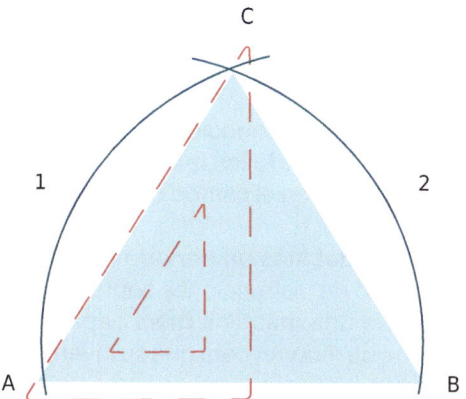

Con la resolución del teorema del triángulo de isósceles, se advirtió que la máquina de Gelernter tenía inteligencia propia, una inteligencia cuyo potencial desconocía su propio inventor.

⊕ PARA SABER MÁS

Si tienes interés por conocer qué problema resolvió la máquina de Gelernter sin que su creador lo supiera, accede al siguiente enlace:

https://redirectoronline.com/ifct163po0105

En la actualidad existen diversas fórmulas digitales (aplicaciones) que dan soluciones a teoremas geométricos, que siguen despertando mucho interés en la comunidad informática por conocer cómo son los diseños de estas herramientas.

2.9. Arthur Lee Samuel y su juego de damas computarizada

En 1959 se publicó en una conocida revista de investigación el primer estudio sobre el **aprendizaje de las máquinas *(Machine Learning),*** un concepto de gran relevancia en el campo de la inteligencia artificial.

Fue **Arthur Lee Samuel,** tras un periodo en el que diseñó una estructura "informática" a modo de instrucciones sobre un juego muy popular (las damas), pretendió que una máquina fuera capaz de aprender a jugar. Pero, ¿qué camino tuvo que recorrer para que su invento pudiera ser una realidad?

Aprendizaje de las máquinas

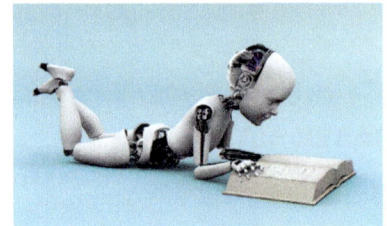

- Arthur Lee Samuel trató de confeccionar un programa informático para una computadora que no existía utilizando un repertorio de instrucciones que él imaginaba que debían ser las correctas. Sin embargo, al ver la complejidad y al no contar con dinero, tuvo que desistir de su sueño. Entonces comenzó a buscar un empleo.
- Este le llegó de la mano de IBM, entrando a formar parte de un proyecto muy exigente en donde se le encargó a él y a sus compañeros la creación de la estructura de una megacomputadora. Pero, ¿qué ocurrió después?

Transcurrido un tiempo en el que Samuel sirvió de asesor a IBM para la producción de grandes máquinas, retornaron a su mente aquellas ideas iniciales sobre el juego de damas.

Samuel, muy motivado por retomar su inacabado trabajo, decidió aprovechar una estructura de un ordenador de IBM para conciliarla con su invento. El resultado fue realmente asombroso.

Samuel inventó el primer programa de la inteligencia artificial hallando un esquema que permitía que la computadora aprendiera. Este programa estuvo basado en un juego de damas.

 SABÍAS QUE...

Samuel estaba tan obsesionado con su idea que consiguió poner a jugar varias máquinas de IBM, en apariencia inservibles, durante largo tiempo ininterrumpido. A cada máquina le había insertado el programa de damas que él había creado y las puso a jugar entre ellas. El resultado fue impresionante cuando, a través de la acumulación de información (estadísticas y datos), consiguió que las máquinas aprendieran. Realmente Samuel creó un algoritmo que permitía a las máquinas jugar a las damas a la misma vez que estas eran capaces de aprender por sí mismas.

Del juego de damas de Samuel al *Deep Blue* de IBM

Con idea de que no te pierdas en la historia de la inteligencia artificial, harás una parada para reflexionar sobre los avances acontecidos a raíz de descubrimientos como el de Samuel con su juego de damas computarizada.

Un ejemplo de estas innovaciones algo más recientes puedes encontrarlo en una supercomputadora de IBM denominada *Deep Blue,* retada en 1996.

Deep Blue consiguió vencer una partida al imbatible campeón mundial de ajedrez Gary Kaspárov. (© Fotografía: James the photographer Vía Web - CC BY 2.0)

Ya recientemente, los avances computacionales que permiten que las máquinas aprendan por sí mismas son extraordinarios. Muestra de ello es **Watson,** un ordenador que superó a los concursantes más talentosos del programa televisivo *Jeorpardy!*

En este concurso, los participantes debían responder multitud de preguntas relacionadas con todas las áreas de conocimiento.

¿Quieres conocer un poco más sobre este reto al que se sometió *Watson*?

 **VÍDEO**

En este vídeo podrás conocer la gran capacidad de *Watson* y qué objetivos se marcaron los ingenieros de IBM en su producción.

Continúa en página siguiente >>

<< Viene de página anterior

https://redirectoronline.com/ifct163po0106

Tras *Deep Blue* y *Watson*, nacieron nuevas máquinas mejoradas. Una de ellas, **DeepMind**, se puso a prueba en el año 2015 cuando el líder europeo de marcas del videojuego *Go*, Fan Hui, aceptó el desafío de retarse con esta impresionante máquina fabricada por *Google*.

Un año más tarde la máquina y el humano se retaron de nuevo. En esta ocasión el desafío lo asumió el gran multicampeón mundial de *Go*, Lee Sedol. El evento fue tan importante que Netflix creó un documental de lo acontecido.

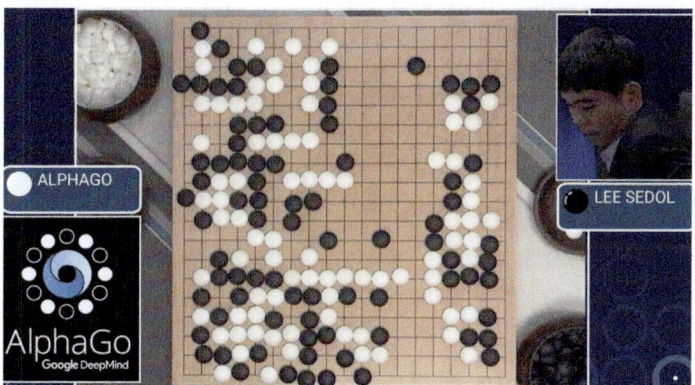

Imagen de la portada de la BBC News anunciando la derrota del maestro de Go Lee Sedol (© Imagen: BBC News / bbc.com)

 **PARA SABER MÁS**

Si quieres conocer algo más sobre cómo transcurrió el combate entre Lee Sedol y la máquina *DeepMind*, no dejes de leer el siguiente artículo de Xataka:

https://redirectoronline.com/ifct163po0107

 APLICACIÓN PRÁCTICA

Martín es campeón de videojuegos. En uno de sus encuentros por las redes sociales, le preguntaron en un chat qué juego sirvió para desarrollar la inteligencia artificial y el aprendizaje de las máquinas. Martín en ese momento no supo responder. ¿Podrías ayudarle y aclararle esta cuestión?

Solución

Aunque años más tarde se experimentó con máquinas inteligentes como el *Deep Blue* y *Deep Mind* para retar a campeones mundiales de ajedrez, el primer programa informático con inteligencia artificial estuvo basado en el conocido juego de las damas.

2.10. El método de resolución de Robinson

Retornando de nuevo a la historia de la inteligencia artificial, no hay que dejar pasar la aportación de **J. A. Robinson** en el año 1965. Este investigador consiguió crear un algoritmo de prueba capaz de resolver teoremas de lógica de primer nivel.

Para no entrar ahora en cuestiones algorítmicas que verás en siguientes unidades, avanzarás en esta temática conociendo un detalle.

¡Presta atención a la siguiente observación!

En el propósito hacia la fabricación de programas informáticos que emularan conductas de razonamiento humano, surgieron dos trayectos en esta línea de investigación:

Trayecto 1	Trayecto 2
- La primera senda pretende comprender cuál es el proceso que lleva a cabo el ser humano para hacer demostraciones y generar programas que sean capaces de emular esta conducta.	- La segunda senda pretende utilizar de forma metódica el trabajo ya avanzado por los expertos lógicos.

 IMPORTANTE

Con los estudios realizados del trayecto 2, se pudieron crear los llamados "demostradores" de teoremas automatizados. Ejemplo de ello es la estrategia convertida en método utilizada por Robinson, quien descubrió que con una única regla de transformación (conjunto de premisas, sintaxis, etc.) podía llegar a las conclusiones. Este tipo de reglas recibe el nombre de **reglas de inferencia.**

J. A. Robinson consiguió iniciar el camino hacia la creación de estrategias eficientes para comprimir el espacio de búsqueda de un sistema de expertos encargado de resolver problemas sin comprometer las fórmulas lógicamente válidas (subconjunto del conjunto de teoremas) que componen ese sistema.

Los demostradores de teoremas eficientes, basados en la resolución, se han utilizado para proporcionar teoremas matemáticos de interés y para verificar y diseñar hardware y software.

Inteligencia artificial. Un enfoque moderno, 2004 (p. 353).

2.11. El papel clave de la mujer en el campo de la inteligencia artificial

La relación creada entre la **tecnología** y la **mujer** siempre ha sido muy especial. Tanto es así que ambas han podido beneficiarse recíprocamente. Sin embargo, sería injusto avanzar en el contenido sin recordar las grandes dificultades y obstáculos que las mujeres han encontrado al dedicar su tiempo a la investigación en el campo tecnológico.

¿Por qué la sociedad se ha visto favorecida por la relación establecida entre la tecnología y la mujer?

- **La tecnología rema a favor para sacar a la luz las capacidades intelectivas de las mujeres:** por un lado, la tecnología ha facilitado la revolución de la mujer para poder posicionarse en puestos y reconocimientos del mismo orden que el que hasta ahora disfrutaban los hombres en exclusividad. El conocimiento no tiene género.
- **Las mujeres y su contribución al desarrollo tecnológico:** por otro lado el papel de la mujer ha sido clave para el desarrollo de esa inteligencia no natural contribuyendo con aportaciones relevantes.

IMPORTANTE

A día de hoy, para tratar que la sociedad se beneficie de los recursos intelectivos femeninos no aprovechados en tiempos pasados, trabajan organismos e instituciones de reconocido prestigio para empoderar el papel de la mujer en el campo de la innovación tecnológica con idea utilizar este gran potencial cuya fuente son las mujeres de todas las edades.

A continuación conocerás **historias femeninas** que fueron **clave** para desarrollar la inteligencia artificial de los tiempos actuales:

Ada Lovelace (1815-1852)
- Multifacética de profesión: matemática, escritora y primera mujer programadora reconocida en la historia. Entre sus escritos se reconoció el **primer algoritmo** propuesto para ser integrado en una máquina para que pudiera ser procesado por ella. Se encargó en su época de traducir todas las publicaciones que trataban en sus contenidos aspectos de la máquina analítica, artilugio predecesor de los actuales ordenadores.

Karen Spärck Jones (1935-2007)
- De profesión informática. Se encargó de descubrir y dar a conocer el concepto *Inverse Document Frequency*, un instrumento que sirvió de modelo para crear las redes neuronales modernas. Fue capaz de desarrollar una fórmula que permitía encontrar el valor explicativo de una palabra dentro de un contexto.

Margaret Hamilton (1936)
- Esta ingeniera de *software* dirigió un equipo multidisciplinar en calidad de científica computacional, en el desarrollo de un *software* de navegación denominado *On board* (programa informático pionero que permitió la navegación de naves en misiones de la NASA con potencial altísimo de seguridad y robustez).

Frances Elizabeth Allen (1932-2020)
- Primera mujer en posesión del premio Turing. De nacionalidad estadounidense y con formación en el campo de la informática, fue precursora de excelentes trabajos para la optimización de códigos en computación y lenguajes de programación. Tuvo un papel relevante en la Agencia de Seguridad Nacional Americana y trabajó durante años en el centro neurálgico para el desarrollo de la inteligencia artificial creado por IBM.

 **NOTA**

La historia de la inteligencia artificial no finaliza aquí con los protagonistas nombrados, pues son todavía muchos los talentos que han dejado huella a lo largo del tiempo hasta el día de hoy. **Feigenbaum, Buchanan o Lederberg** son ejemplos de esta lista interminable.

Hasta aquí has realizado un largo recorrido que te ha permitido conocer que la inteligencia artificial no es un invento repentino. Este concepto ya lo rumió Aristóteles hace siglos al definir el principio por el cual era posible la extracción de conclusiones de forma mecánica, partiendo de indicios o premisas iniciales encontradas en el razonamiento.

A través del pensamiento lógico (razonamiento) es posible dar con soluciones a problemas complejos al igual que hacen los algoritmos de la inteligencia artificial.

También has descubierto distintas aportaciones a la ciencia computacional que muchos científicos e investigadores de la mente humana y de la informática, hombres y mujeres, han ido realizando a lo largo de la historia. Esta ardua labor se vislumbró en las primeras máquinas con inteligencia artificial.

Visto todo ello, y a tenor de las grandes similitudes entre las redes neuronales biológicas y las redes neuronales artificiales, conocerás a partir de ahora los **principios y campos de aplicaciones de la inteligencia artificial.** Más adelante verás de qué nuevas tecnologías se vale la IA actual, para tener tanto potencial en cada una de las distintas áreas de aplicación.

3. Principio y campos de aplicaciones

☞ HILO CONDUCTOR

En los primeros momentos en los que Stephanie tuvo que afrontar sola la dura enfermedad de su hijo Juan, tuvo sentimientos de temor, rabia y mucha frustración. Por suerte, y tras el diagnóstico inicial y una larga etapa de rehabilitación, se topó con un profesional de la medicina inmerso en el campo de la investigación. Stephanie, muy sorprendida, escuchó atentamente todas las indicaciones que este médico le formuló. Fue sorprendente saber cómo una simple y aparente tecnología basada en inteligencia artificial permitiría a su hijo y a muchas personas con similares patologías comenzar una nueva vida llena de oportunidades.

La inteligencia artificial parte de una idea fundamental.

Programar máquinas mediante un conjunto de reglas en un formato menos restrictivo como es una red de neuronas artificiales, sin necesidad de un identificador explícito.

En definitiva, el **principio de la inteligencia artificial** se basa en crear sistemas de expertos que sean capaces de simular la inteligencia y el razonamiento humano, tal como lo harían los profesionales especializados en diferentes áreas.

RECUERDA

La red neuronal artificial es la base de la inteligencia artificial que desarrolla maneras de programar las computadoras de forma "inteligente". Se inspira en el modo en el que funciona el cerebro de las personas transmitiendo señales a través de nodos, también denominados neuronas artificiales.

El sistema de expertos es un sistema informático capaz de emular el razonamiento propio del ser humano de la misma manera que lo concebiría un experto especializado en un área de conocimiento.

- -

Aunque parezca difícil de creer, en la actualidad, y quedando aún mucho por desarrollar, la inteligencia artificial está muy presente e interactúa cada día con gran parte de la ciudadanía. Tanto es así que, a veces, queda en el olvido que la tecnología debe siempre ser un instrumento al servicio de la sociedad, pero que, sin embargo, termina siendo una forma de vida para el ser humano.

IMPORTANTE

Al abrir las puertas a la era de las nuevas tecnologías, la inteligencia artificial deja de tener una apariencia virtual o imaginaria, y queda totalmente integrada en la vida cotidiana de cualquier individuo.

- -

En este siglo XXI el **impacto de la inteligencia artificial** en el mundo de la empresa y en la sociedad en general ya es algo evidente. Gracias a ella, es posible afinar e incluso automatizar la toma de decisiones. Para ello, solo hace falta entrenar a los **algoritmos** encargados de "decidir". Esta circunstancia lleva a la necesidad de fijar un principio fundamental para que estas decisiones no sean sesgadas ni perjudiciales para el derecho a la libertad, pudiendo incluso, si no se toman medidas, ir en perjuicio de los valores de la democracia.

Ante los desafíos que presenta el interactuar diariamente con una **tecnología inteligente** basada en algoritmos que pueden recoger y almacenar un inmenso volumen de información (datos), y que además puede ser entrenada de modo que su comportamiento sea similar al del ser humano, se presenta la necesidad de **conducir éticamente** estos **comportamientos inteligentes,** proporcionando **reglas de conductas** como códigos de valores.

 **NOTA**

La **Organización para la Cooperación y el Desarrollo Económico (OCDE)** ha desarrollado los llamados **principios de la inteligencia artificial.**

3.1. Los principios de la inteligencia artificial de la OCDE

El objetivo de los **principios de la inteligencia artificial** de la OCDE pretenden reclamar que la tecnología "restaure la humanidad" conforme a un "humanismo tecnológico", dos conceptos tratados por José María Lassalle en su libro *Ciberleviatán,* en el que se alerta de los peligros que conforman el gran binomio de la tecnología de la que se vale la inteligencia artificial como son los **algoritmos** y los **datos.**

Antes de conocer las reglas de la OCDE, tendrás la oportunidad de saber qué piensa José María Lasalle a través del siguiente vídeo. **¡Seguro que te hará reflexionar sobre cuál será tu papel en este entorno de transformación digital!**

 **VÍDEO**

José María Lassalle ofrece una perspectiva crítica en la forma en la que se está abordando la implementación de la transformación digital en el mundo. También señala qué organismo internacional debe ser el que coja las riendas para asegurar los derechos democráticos en esta revolución tecnológica y evitar así el inminente colapso de la civilización democrática.

https://redirectoronline.com/ifct163po0108

En la actualidad se están dando los primeros pasos con vocación global a nivel gubernamental en España (piensa en global y actúa en local) para definir una **Constitución digital** que proteja los derechos de la ciudadanía y también el de las empresas frente a la complejidad de la tecnología, y garantizar así que las nuevas tecnologías queden al servicio de la humanidad.

Antonio Gutiérrez-Rubí, asesor de comunicación del periódico *La Vanguardia,* definió la utilidad de esta nueva Constitución digital como una forma de edificar nuevas coherencias en nuestras sociedades posmodernas (2019).

La **ODCE** es un organismo mundial cuya **misión** es la de **generar compromisos** para **mejorar la vida de las personas.** La estructura organizativa de la OCDE es la siguiente:

- ⮑ **Consejo Directivo:** la responsabilidad del Consejo Directivo de la OCDE es la de supervisar y dirigir con visión estratégica. Está formado por representantes de países miembros y de la Comisión Europea. Todas las medidas tomadas en este órgano decisorio son por consenso. En sus reuniones participan presidentes de Gobierno y los ministros de Economía.

  - ⮑ **Secretaría de la OCDE:** la responsabilidad de la Secretaría de la OCDE, con sede en París, es la de seguir las instrucciones y órdenes de los distintos departamentos. El equipo formado por más de 3.300 empleados son profesionales de distintas especialidades: economistas, sociólogos, filósofos, juristas, estadísticos, científicos, etc.

La Secretaría recoge los datos de interés con idea de realizar recomendaciones en los debates de los comités de expertos con un objetivo totalmente orientativo, para hacer más fructíferas las discusiones. Es la encargada de tratar y analizar los datos de forma empírica, es decir, desde la observación y desde las prácticas experimentales.

◑ **Comités de expertos de la OCDE:** en estos comités (más de 300) se llevan a cabo reuniones en las que intervienen representantes de las naciones y socios de los países miembros. Se debaten temas de interés y se realizan exámenes con idea de poder hacer propuestas concretas como soluciones a problemas. También los comités son los encargados de evaluar las medidas adoptadas (políticas públicas) y valorar los progresos a través de los comités temáticos y los equipos de trabajo.

⇕ **Comités temáticos:** son colaboradores de los comités de expertos y están formados por autoridades nacionales de todo tipo: públicas, privadas, científicos, académicos, financieros, especialistas en medioambiente y sostenibilidad, profesionales de la educación y expertos en desarrollo, entre otros.

⇕ **Equipos de trabajo:** son expertos que trabajan con el objetivo de dar forma a normas estándares que impactarán a escala mundial una vez que han sido aprobadas por el Consejo Directivo.

NOTA

La OCDE es una institución que trabaja en la elaboración de propuestas para atajar problemas complejos de cualquier ámbito y que afectan a la comunidad global.

El lado más turbio de la inteligencia artificial

En la actualidad, dentro de la OCDE se debaten cuestiones que afectan a la implementación y uso de la inteligencia artificial en sus diferentes campos de aplicaciones, ya que, metafóricamente hablando, esta poderosa tecnología la pueden usar organizaciones y gobiernos como "vitamina" para mejorar la economía y la vida, o por el contrario, en su lado "malo", puede desempeñar un trabajo a modo de un potente "virus pandémico".

Según muchos investigadores y científicos, la inteligencia artificial presenta dos caras: una cara buena, que trae innovaciones que beneficiarán sin duda a la sanidad, a la educación, a la economía y a la vida de las personas en general, y una peligrosa cara oscura, que revela una potente tecnología que podría superar a la inteligencia humana, poniendo en peligro a la sociedad.

Margaret Boden es un referente mundial que sigue aportando a la ciencia conocimientos asombrosos. Profesora en activo en el Departamento de Informática en la Universidad de Sussex, a sus 84 años rebate algunos supuestos terroríficos asociados a la inteligencia artificial.

Maggie, conocida así por su entorno más cercano, es uno de los tantos rostros de mujeres del campo de la inteligencia artificial. Nacida en la época de Alan Turing, pudo, con su esfuerzo y conocimiento, abrirse paso en un mundo de hombres. Sus aportaciones como investigadora de la inteligencia artificial son extraordinarias. Su sapiencia ha conseguido seducir a genios de diferentes áreas de conocimiento.

 PARA SABER MÁS

Carlos Fresneda y Carlos Alba, enviados especiales en el Reino Unido del periódico *El Mundo,* tuvieron la oportunidad de entrevistar a Margaret Boden a sus 82 años en su casa de Brighton.

No pierdas detalle de esta interesantísima entrevista:

Continúa en página siguiente >>

<< Viene de página anterior

https://redirectoronline.com/ifct163po0109

Los diferentes gobiernos del mundo, y en concreto la Unión Europea, trabajan para impulsar políticas que protejan con integridad los valores humanos. Con este propósito, la inteligencia humana no será saboteada por las máquinas.

Basándose en todo ello, la OCDE ha formulado unas reglas mínimas a modo de **principios** que toda **inteligencia artificial** deberá cumplir:

> **Principio de beneficio equitativo**
> - Se deberá impulsar el desarrollo equilibrado, inclusivo y sostenible de la sociedad, con el fin de proporcionar bienestar en todas las capas y grupos sociales.

> **Principio de protección al Estado de derecho**
> - Deberá desarrollarse bajo una tecnología que contemple mecanismos de protección de los derechos humanos.

> **Principio de transparencia y divulgación responsable**
> - Se desarrollará bajo sistemas que garanticen la difusión y compresión por parte de la ciudadanía, siendo transparente ante las implicaciones de su penetración.

> **Principio de seguridad y protección**
> - Deberá funcionar de manera segura en todas las etapas (pruebas, implementación, mantenimiento, etc.) y contará con mecanismos como políticas de riesgo que permitan una gestión de la tecnología segura de forma continua.

> **Principio de responsabilidad**
> - Será desarrollado por organismos y profesionales que asuman la responsabilidad de proporcionar un mantenimiento correcto para su buen funcionamiento.

IMPORTANTE

Los **principios de la inteligencia artificial** formulados por la OCDE están fundamentados en cualidades de una gestión responsable tanto en el diseño y desarrollo como en la aplicación de la tecnología y su difusión.

Igualmente, la **OCDE** promulga una serie de **recomendaciones** a los gobiernos de las distintas naciones para orientar las políticas gubernamentales en torno a una inteligencia artificial de uso responsable:

- **Inversiones públicas y privadas:** fijar objetivos para la estimulación (mediante el desarrollo y la investigación), de la innovación tecnológica en el campo de la inteligencia artificial.
- **Ecosistemas accesibles de inteligencia artificial:** adecentar las infraestructuras para facilitar las mecánicas que hacen operativa la inteligencia artificial.
- **Políticas garantes de inteligencia artificial:** crear políticas que garanticen que la expansión de los sistemas de inteligencia artificial es íntegra y honesta.
- **Capacitación:** fomentar el aprendizaje y la formación de empleados y ciudadanía en general, que permita un trasvase de conocimientos para abordar los retos de la transformación digital de manera justa.
- **Cooperación:** fomentar la cooperación entre los gobiernos para conseguir una gestión responsable de la inteligencia artificial, más allá de las fronteras administrativas de cada país.

IMPORTANTE

La OCDE promueve e impulsa que cada país pueda generar sus propias políticas de inteligencia artificial, pero con los mismos ingredientes para que las distintas políticas estén alineadas en pro de una convivencia de respeto y buenas prácticas.

3.2. Campos de aplicaciones de la inteligencia artificial

La inteligencia artificial tiene distintas **áreas de aplicación.** Como objetivo común con independencia del campo en que se aplique, consiste en diseñar y construir máquinas con una inteligencia optimizada capaces de emular a la mente humana.

Esto implica que los procesos de la inteligencia artificial deberán superar, o como mínimo igualar, capacidades humanas como para realizar todas o algunas de las siguientes tareas:

- **Razonar:** contar con suficientes conocimientos y valorar hechos como para obtener deducciones y contemplar las consecuencias. Por ejemplo, en el campo de la medicina la IA podría razonar de la siguiente manera:

    - Conocimiento: conocer enfermedades y analizar las consecuencias.
    - Hechos: enumerar síntomas para elaborar un diagnóstico certero.

- **Planificar:** contar con suficientes conocimientos para analizar la situación presente, determinar el objetivo deseado y establecer una secuencia de tareas para lograr el objetivo.
- **Aprender:** contar con suficientes conocimientos de los hechos para aprender y hacer deducciones de nuevas situaciones. Es decir, construir conocimiento.

 IMPORTANTE

El objetivo de la IA es conseguir crear sistemas inteligentes capaces de pensar y actuar como un humano.

1. Desde el punto de vista cognitivo, descubrir sistemas de IA que reproduzcan razonamientos humanos.
2. Desde el punto de vista logicista, descubrir sistemas de IA capaces de ejecutar lógica formal movidos por un motor de inferencias (obtención de conclusiones a partir de indicios).
3. Desde un punto de vista pragmático, descubrir sistemas de IA que permitan a la máquina tener un comportamiento inteligente.

Ahora sí, llega el momento de conocer las áreas de aplicación de la inteligencia artificial que te ayudarán definitivamente a entender el amplio abanico en el que estos sistemas inteligentes pueden aplicar todo su potencial. Un potencial por el que las empresas muestran gran interés para conseguir la eficacia y la eficiencia deseada para sobrevivir en los nuevos paradigmas económicos que la era tecnológica está acondicionando.

- **Control y gestión:** contribuye a la optimización en la toma de decisiones, aportando calidad a todos los procesos implicados. Reduce costes y minimiza la posibilidad de cometer errores, llevando al negocio y a las organizaciones a ganar efectividad y eficacia sin perder la visión estratégica.
- **Fabricación:** ayuda en la optimización de tareas como la gestión de proyectos, diseño, planificación, control, monitorización, evaluación, etc.
- **Industria del *software*:** apoya la optimización de las especificaciones, la construcción y el diseño, la verificación de funcionalidades y el mantenimiento.
- **Cartografía:** contribuye a la mejora en la interpretación de imágenes, en la elaboración de diseños y en la búsqueda de soluciones a problemas de ingeniería topográfica.
- **Datos:** contribuye a la optimización del proceso íntegro del tratamiento de datos con una gestión inteligente no solo administrativa, también la referente a la salud. Por ejemplo, la sangre es considerada una fuente importante de datos; esto, aplicado al sector de la biotecnología, permite determinar patrones para el diagnóstico de enfermedades y conocer de manera anticipada qué individuos tienen más probabilidades de padecer una enfermedad grave.
- **Equipamiento:** favorece el diseño de equipamientos basados en diagnósticos. Optimiza los procesos de monitorización y ventas, y asegura una correcta configuración de los métodos, además de hacer labores de mantenimiento.
- **Profesionales:** contribuye a la mejora de actividades profesionales tan diversas como: contables, médicos, abogados, asesores financieros, consultores, químicos, formadores, fotógrafos y otras profesiones nacientes asociadas a las nuevas tecnologías.
- **Sector financiero:** ayuda a la optimización de la información desde el análisis, diagnóstico y planificación de acciones de consultoría. Predice patrones de comportamiento de los mercados, y permite hacer recomendaciones a clientes. También hace una predicción de los supuestos riesgos a los que se puede ver sometida la entidad en relación a cada cliente.
- **Industria bélica:** favorece la optimización en la gestión de amenazas bélicas (identificación de riesgos, determinación de objetivos, etc.).

○ **Sector educativo:** ayuda en el diagnóstico de las necesidades formativas, en la optimización de los procesos de enseñanza-aprendizaje y en el control y verificación de exámenes.

○ **Campo de la ingeniería:** contribuye a la optimización de los diseños, su control y análisis.

NOTA

Son muchas las aplicaciones de la IA. Por ejemplo, y relacionado al sector de la educación, ya es posible determinar si un alumno/a está en riesgo de abandono de una acción formativa *online* e incluso esta tecnología es capaz de hacer propuestas de formación alternativas y personalizadas para que el alumnado no abandone su capacitación.

Casos reales

Son innumerables los casos de aplicación de sistemas de inteligencia artificial y muchos los beneficios que aporta esta tecnología protagonizada por algoritmos y por máquinas que aprenden ellas mismas. Profundizarás en el aprendizaje informático en la siguiente unidad que pronto darás inicio, no obstante, aquí y ahora tendrás una muestra de cómo esta tecnología puede ser beneficiosa para la humanidad.

¿Recuerdas a **DeepMind?** *DeepMind* ahora se engloba en un departamento de élite de *Google*. La tecnología mimada por esta reconocida compañía a nivel mundial trabaja para realizar diagnósticos de enfermedades con un nivel altísimo de precisión.

DeepMind ha conseguido muchos retos desde sus inicios. Actualmente es capaz de realizar diagnósticos oculares gracias a sus algoritmos muy entrenados. En muy poco tiempo participará en ensayos clínicos y será utilizada por distintas especializaciones médicas, de modo que será la humanidad la beneficiaria final de estos adelantos tecnológicos.

 **NOTA**

Según previsiones de instituciones consultoras a nivel mundial, se estima que la inteligencia artificial conseguirá en menos de cinco años ahorrar algo más de 150.000 millones de dólares a toda la industria de Estados Unidos relacionada con la medicina. Esos recursos pueden destinarse a otros objetivos como la investigación y el desarrollo.

 VÍDEO

A continuación verás un vídeo en el que personas con dificultades visuales han experimentado en carne propia los beneficios de una tecnología basada en la inteligencia artificial. Con intenciones similares a *DeepMind,* el dispositivo *OrCam MyEye 2.0* ha conseguido cambiar la vida de mucha gente.

En él una psicóloga cuenta la experiencia vivida en primera persona tras el uso de un dispositivo que lleva integrado un sistema inteligente artificial, que le mejora su visión ocular afectada por una dolencia y le permite realizar tareas con total normalidad.

https://redirectoronline.com/ifct163po0110

La **inteligencia artificial** también puede aplicarse a campos tan elementales como el **sector comercio.** No solo es importante conocer la eficacia de esta inteligencia sintética, también es relevante para quien quiera introducir o implementar la inteligencia artificial en sus negocios y conocer la utilidad práctica de esta inteligencia en actividades menos sofisticadas.

Por todo ello, a continuación verás una relación de cuantiosas aplicaciones de la IA para el ecosistema comercial:

- *Hardware* de instrumentalización e interfaces con inteligencia artificial.
- Programación de trabajos de fábrica.
- Gestión de impuestos inteligentes.
- Sistemas de lenguaje natural y asistente de voz (comercio conversacional).
- Optimización de inventarios.
- Pronósticos de venta.
- Selección de productos apropiados para ofertas personalizadas.
- Pronósticos de éxito de productos previo al lanzamiento.
- Personalización de la experiencia de compra del cliente.
- Identificación ultrarrápida (menos de 1 segundo) del perfil psicoanalítico del cliente.
- Búsqueda visual de productos para la localización de artículos basada en el reconocimiento de imágenes.
- Creación de imágenes "buscables" basadas en interacciones de los usuarios.
- Gestión de catálogos inteligentes.
- Reconocimiento de emociones.
- Facilitación de inventario y muestra para clientes indecisos.
- Asistencia en ventas y atención al cliente inteligente.
- Reposición inteligente de mercancía basada en análisis predictivos.
- Generación de contenidos hipersegmentado que potencia la interacción del usuario.
- Y un largo etcétera.

Hasta aquí has comprobado que la tecnología basada en la inteligencia artificial puede tener dos caras:

Cara positiva ✔	Cara negativa ✘
- Una cara positiva que ayudará a las sociedades a avanzar siempre que la tecnología aplicada se ajuste a los principios de la IA.	- Una cara oscura que puede poner en peligro a la sociedad si la tecnología aplicada no se ajusta a los principios de la IA.

A continuación vas a descubrir las **dos importantes ramas** que están haciendo que la inteligencia artificial actual tenga tanto potencial.

4. Ramas de la inteligencia artificial. Algoritmos.

☞ HILO CONDUCTOR

Stephanie es una gran mujer que, sin querer y por duras pruebas que le puso la vida, no dudó en adentrarse en un mundo desconocido. En ello se inició leyendo artículos de investigación relacionados con las nuevas tecnologías. ¿Quién le diría a esta madre que sería un robot el que ayudaría a que su hijo recobrara de nuevo la calidad de vida?

Aquí comenzó una bonita historia en la que Stephanie decidió hacer su primer curso de formación. La idea era comprender en qué puede ayudar la inteligencia artificial para mejorar los problemas diarios de la sociedad. Más tarde, y con una capacitación más avanzada, podría decidir ella qué camino seguir para emprender con firmeza y seguridad en el mundo de los negocios.

La manera más sencilla de describir una red de neuronas artificiales es simplificando su definición a la mínima expresión. Es decir, detallar la red neuronal artificial (RNA) como una **arquitectura lógica** que viene a dar **respuestas binarias** a formulaciones o problemas con diferentes grados de libertad:

- **Arquitectura lógica (RNA):** consiste en una arquitectura cuya estructura contempla elementos (procesos) interconectados.
- **Cuyo método resuelve problemas complejos con respuestas sencillas:** método que codifica la información y que es capaz de asociar cada respuesta a las preguntas, es decir, se trata de un método capaz de almacenar la información y recuperarla.
- **Cuyo método cuenta con múltiples grados de libertad en sus resoluciones:** la metodología utilizada permite caracterizar una distribución específica de respuestas utilizando los números como elementos independientes (conjunto de información proporcionada por datos disponibles para hacer una estimación de valores).

La introducción de las redes neuronales sintéticas en infinidad de modelos de resolución de problemas ha permitido que suceda una evolución vertiginosa de la IA, posibilitando la aplicación de la tecnología inteligente en sistemas abstractos y dinámicos que exigen respuestas cambiantes a lo largo del tiempo.

NOTA

Las respuestas binarias son las contestaciones a preguntas en forma de **sí** o **no,** o **verdadero** o **falso,** pero siempre a través de una fórmula matemática o por medio de un valor numérico.

Es fácil observar echando la mirada atrás cómo las empresas, instituciones, sectores industriales o una sociedad entera han ido evolucionando con el paso del tiempo. Con la inteligencia artificial ha pasado exactamente igual; también es visible y notorio su propio proceso de transformación a lo largo de las décadas.

Atendiendo a este razonamiento lógico, es importante conocer de qué elementos se vale la arquitectura o topología de una red neuronal artificial para que, mediante el "autoaprendizaje", sea capaz de evolucionar y proporcionar respuestas vivas en función de los nuevos datos o información que va incorporando:

- **Topología:** representa cómo se codifica la organización de la arquitectura del sistema neuronal artificial.

    - **Elementos de proceso de campo:** la estructura del sistema neuronal artificial se organiza mediante capas y enlaces para codificar los procesos neuronales. Esto permite que sea posible la conexión:

        - Las **capas** determinan el nivel en el que se encuentra la información.
        - Los **enlaces** sirven para transferir la información.

            - **Conexiones:** existen **dos tipos** de conexiones:

                - Tipo I o **conexión excitatoria:** estimulan el sistema al recibir miles de señales.
                - Tipo II o **conexión inhibidora:** equilibran el sistema para que la actividad esté balanceada.

            - **Esquemas de conexión:**

                - Recurrentes.
                - No recurrentes.

○ **Configuración de conexión:**

↳ *Feedback:* configuración de parámetros de conexión con propagación hacia atrás.
↳ *Feedforward:* configuración de parámetros de conexión con propagación hacia delante.

Desde el punto de vista químico, las neuronas naturales, espejo de las neuronas artificiales, son capaces por sí solas de **equilibrar la actividad cerebral.** Esto implica una gran complejidad en los procesos:

Reacción	Inhibición
- Una neurona es capaz de excitarse al recibir señales que le sirven de estímulo para reaccionar.	- Una neurona es capaz de inhibirse al mismo tiempo para equilibrar el organismo y poder mantenerlo dentro de unos límites aceptables para él.

Las neuronas contribuyen a que exista una actividad cerebral global estabilizada. Si esto no fuera posible, no existiría organismo capaz de aguantar todos los estímulos que provienen del exterior. De modo que es posible decir que dentro de cada neurona existen **dos redes o conexiones interconectadas:**

➲ **Conexiones tipo I (exitatorias):** son conexiones en las que las neuronas reciben señales estimulantes *(inputs).*
➲ **Conexiones tipo II (inhibidoras):** son conexiones en las que las neuronas inhiben señales desequilibrantes *(outputs).*

Este descubrimiento sobre las conexiones que se producen dentro de las neuronas (procesos neuronales) advierte y recuerda a los estudiosos lo poderoso y desconocido que es el cerebro humano.

El **mayor reto** de la inteligencia artificial en estos tiempos es tratar de simular y acercarse milimétricamente a la inteligencia humana, más aún cuando todavía científicamente existen muchas lagunas que abordar y el desconocimiento sobre ella sigue siendo patente.

Cada vez que se incorpora un nuevo dato a la topología de un sistema neuronal inteligente, este dato es anexado a la red. De esta manera, queda ampliada la arquitectura neuronal artificial.

Por tanto, para comprender cómo se construye una arquitectura inteligente artificial se ha de entender que el sistema clasifica todas las respuestas a tenor de las preguntas con los nuevos datos indexados. Esta forma de archivar las soluciones permite almacenar y procesar al mismo tiempo una descomunal ingesta de datos (información).

 **NOTA**

La inteligencia artificial tiene un gran potencial en los sectores productivos. La inteligencia humana difícilmente podría abarcar la gestión de esta enorme ingesta de datos y proporcionar rápidas respuestas concluyentes.

4.1. Industria 4.0

La actual industria renace en estos tiempos hacia un nuevo paradigma donde la inteligencia artificial cobra el total protagonismo, abriéndose un inmenso océano de oportunidades. Esta nueva economía se conoce con el nombre de **industria 4.0:**

Industria 1.0
- Caracterizada por la mecanización de los procesos gracias a la aparición de la máquina de vapor.

Industria 2.0
- Caracterizada por la producción de productos en serie, proporcionando un valor añadido a la materia prima. Inicio de la globalización en las relaciones comerciales.

Industria 3.0
- Caracterizada por la implementación de tecnologías en los procesos productivos como ordenadores y tecnologías de la información y la comunicación (TIC); internet democratizado.

Industria 4.0
- Caracterizada por la revolución digital. Incorpora en los procesos productivos avances tecnológicos muy importantes y reveladores como la inteligencia artificial, computación cuántica, domótica, *Big Data, Cloud Computing, Blockchain*, etc.

IMPORTANTE

En la actual era digital se están viviendo acontecimientos clave para la historia de la humanidad. Representa un importante periodo donde los diversos actores que conforman la economía, valiéndose de la tecnología inteligente y la conectividad, podrán hacer propuestas de altura para mejorar el bienestar humano y la sostenibilidad del planeta.

- -

El objetivo de la industria 4.0

Los medios productivos de las **empresas** están sufriendo una metamorfosis gracias a la intervención de innovadoras tecnologías. Sin duda, han de actualizarse para ser capaces de mantener la competitividad y **sobrevivir** en una compleja **economía global.**

La **industria 4.0** tiene como **objetivo** dotar a las empresas de una **inteligencia de negocios** que le permita afrontar los retos y desafíos de mercados con necesidades cambiantes e inciertas.

APLICACIÓN PRÁCTICA

Carlos tiene un *e-Commerce* a través del cual comercializa camisetas con diseños personalizados. Desde hace tiempo no para de escuchar la necesidad de que los negocios se sumerjan en procesos de transformación digital. Él está muy tranquilo porque piensa que su empresa no necesita adentrarse en ningún cambio, puesto que toda la actividad ya es digital (utiliza las tecnologías de la información y la comunicación, dispositivos móviles y maneja a la perfección las redes sociales). Basándote en estos datos, ¿en qué tipo de industria podría encajar el negocio de Carlos?

Solución

Aunque la tienda de Carlos es 100 % digital, no significa que tenga implementadas nuevas tecnologías que caracterizarían su negocio como ejemplo de una

Continúa en página siguiente >>

<< Viene de página anterior

actividad empresarial 4.0. Para ello, habría que confirmar si hace uso de la inteligencia artificial para optimizar los procesos, como hacer uso de algoritmos que predigan patrones de conducta de los consumidores, etc.

- -

Las **empresas inteligentes** podrán, mediante su tecnología punta basada en la **conectividad** y la **velocidad** de las comunicaciones, ser capaces de alcanzar **tres retos** importantes:

➲ **Acceder a sistemas de información inteligente en tiempo real:** acceso a datos reales en tiempo real:

ʊ Análisis y predicción avanzados.
ʊ Análisis y predicción de escenarios.
ʊ Análisis y predicciones inteligentes.

➲ **Generar cadenas de producción más eficientes:** cadenas productivas capaces de tomar decisiones para adaptar ágilmente la producción a las necesidades cambiantes de los mercados con asignación inteligente de recursos.
➲ **Integrar en sus modelos de negocio una comunicación interna y externa totalmente inteligente:** interconectar departamentos para toma de decisiones inteligentes y mantener una comunicación con el mercado para conocer tendencias y aprovechar oportunidades.

En los procesos de producción en la industria incipiente y venidera, deberá participar inevitablemente una nueva tecnología inteligente más allá de la ya conocida como **tecnología de la información y de las comunicaciones (TIC).** Este exigente objetivo de la industria 4.0 pretende ayudar a competir a las fábricas, pero también a los negocios, empresas de cualquier tamaño, profesionales independientes, red de emprendedores, etc., para que todos tengan la opción y la capacidad de subsistir en un entorno incierto.

IMPORTANTE

La única forma de afrontar este reto imponente que trae la nueva Revolución Industrial o industria 4.0 será la implementación de sistemas con tecnología inteligente.

- -

A continuación se presentan una serie de tecnologías que darán impulso a la economía:

- **Automatización:** tecnología capaz de trasladar el contexto físico de una actividad empresarial a un registro electrónico que aprenda y tome decisiones automatizadas.
- **Conexión:** tecnología punta basada en la conectividad (5G) y la velocidad en la que suceden las comunicaciones.
- *Cloud computing:* tecnología basada en proporcionar servicios *online* de computación en la nube que faciliten la gestión inteligente de los negocios desde cualquier lugar sin necesidad de contar con plataformas físicas.
- **IOT:** *(Internet of Things).* Tecnología incorporada a objetos de cualquier tipo y funcionalidad dotándolos de conectividad *online.*
- *Big data:* tecnología capaz de almacenar gran volumen de datos estructurados y no estructurados.
- **Sistemas de integración inteligente:** tecnología que dota a las empresas de interoperabilidad, visualización, análisis, predicción, etc., gracias a la integración de la información, haciendo posible una gestión inteligente de la empresa.

4.2. Algoritmos

Llegado a este punto, es posible que tengas curiosidad por conocer el funcionamiento de los **algoritmos** asociados a la inteligencia artificial.

La Real Academia de la Lengua Española define el concepto algoritmo de la siguiente manera:

"Conjunto ordenado y finito de operaciones que permite hallar la solución de un problema".

Atendiendo a esta definición, es posible confirmar que la inteligencia artificial no es más que una mezcla de algoritmos conjugados, cuya funcionalidad es generar máquinas con altas capacidades semejantes a las de los seres humanos.

Dicho de otro modo, la IA es la suma de dos elementos:

○ **Algoritmo:** capacita matemáticamente a la máquina para que pueda aprender.
○ **Datos:** son los elementos necesarios de los que se nutre la IA y con los que aprenden los algoritmos.

Al igual que el cerebro de las personas es un órgano complejo, la IA es una máquina con unos entresijos que soportan una combinación de piezas inteligentes. Esta conjugación de elementos o algoritmos hace posible que la máquina asimile un aprendizaje, es decir, adquiera conocimiento y pueda realizar labores tal y como lo pudiera hacer una persona especializada en una materia.

Los **algoritmos de la inteligencia artificial** pueden describirse como **maestrías matemáticas de aprendizaje.** Se agrupan en función de **dos propósitos:**

Algoritmos racionales
- Aquellos que emplean los principios racionales de los pensamientos del ser humano mediante capacidades matemáticas:
  - Aplican la lógica.
  - Aplican la intuición.

Algoritmos decisorios
- Aquellos que también emplean las maestrías matemáticas y que, además, son capaces de tomar decisiones.

La inteligencia artificial aplicada a un **sistema de expertos** es un gran edificio construido con multitud de algoritmos que ofrecen **soluciones a infinidad de problemas.**

Los algoritmos se nutren de los datos, los utilizan para obtener un aprendizaje a partir de ellos. En términos muy generales, es posible decir que los datos empleados para crear los diversos algoritmos pueden ser observables, públicos e internos.

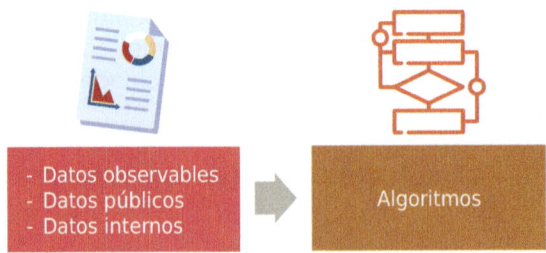

- Datos observables
- Datos públicos
- Datos internos

Algoritmos

👁 **EJEMPLO**

Entender con claridad que una inteligencia artificial es capaz de tomar decisiones no es fácil. Sin embargo, el método que utilizan los algoritmos en los procesos de decisión es similar al que emplea el ser humano. La única diferencia estriba en que el procedimiento que utiliza la máquina es matemático, pero, por lo demás, es todo similar.

Imagina qué justificación darías si de pronto dejara de funcionarte la lámpara de tu mesilla de noche. De manera instantánea, los primeros pensamientos que te vendrían a la cabeza serían estos dos:

- El interruptor está apagado.
- La bombilla dejó de funcionar.

Para cada situación, la respuesta al problema es diferente:

- Probar y dar al interruptor.
- Reemplazar la bombilla.

También podrías, en caso de no dar con la solución, decidir adquirir una nueva lámpara para que así puedas iluminar de nuevo desde tu mesilla de noche.

En el caso de los algoritmos con inteligencia artificial, estos se utilizan para programar máquinas, dispositivos tecnológicos, redes sociales, sitios web, etc., y aunque los procesos son mucho más laboriosos con valores matemáticos, el procedimiento en la toma de decisiones es muy parecido a como discurre un pensamiento humano.

- -

5. *Machine/Deep Learning*

👉 **HILO CONDUCTOR**

La formación está siendo intensa y realmente compleja. Sin embargo, Stephanie no duda en avanzar con ella. Sabe a ciencia cierta que no debe desaprovechar

Continúa en página siguiente >>

<< Viene de página anterior

esta gran oportunidad. Conocer con todo lujo de detalle cómo es el mundo de la inteligencia artificial le abrirá grandes puertas al mundo del emprendimiento innovador.

En la jornada de hoy, su profesor le mostrará cómo las máquinas aprenden de forma autónoma. También descubrirá cómo es esa tecnología para que, de forma artificial, una máquina sea capaz de tomar decisiones por sí sola.

Adentrarse en el mundo de las nuevas tecnologías es algo fascinante. Los avances tecnológicos han permitido que de la **inteligencia artificial** nacieran dos importantes **ramas** complementarias, pero con funciones diferentes.

Del tronco principal nace una primera rama, algo más superficial, llamada *Machine Learning* y otra más profunda conocida con el nombre *Deep Learning.*

En breve conocerás las diferencias:

- *Deep learning:* corresponde a un nivel más complejo de tecnología artificial capaz de tomar decisiones por sí sola a tenor de los datos.
- *Machine learning:* corresponde a un nivel superior de tecnología artificial capaz de aprender de forma automática.
- **Inteligencia artificial:** corresponde al sistema de tecnología inteligente más básica.

¿Por qué el cerebro de las máquinas estará formado por una tecnología inteligente?

Al igual que el cerebro humano está aún por descubrir del todo, las innovaciones tecnológicas están haciendo posible desarrollar en mayor profundidad la inteligencia artificial.

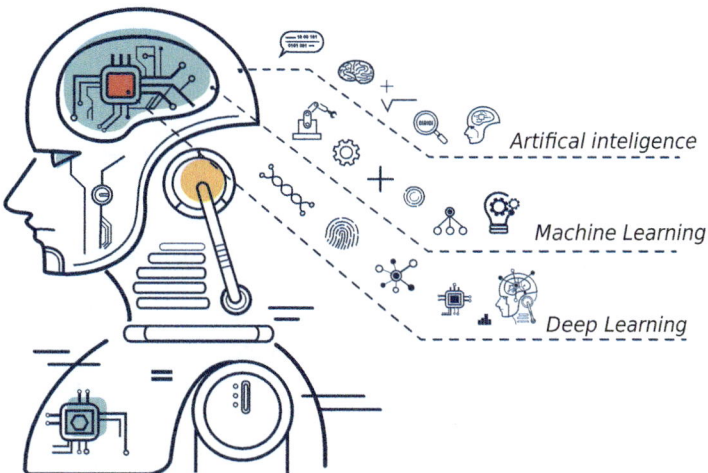

Con el aprendizaje automático (Machine Learning) las máquinas son capaces de aprender y corregir errores. Con el aprendizaje profundo (Deep Learning) las máquinas son capaces de tomar decisiones.

 **IMPORTANTE**

La diferencia principal entre *Machine Learning* y *Deep Learning* radica en el tipo de algoritmos que se utilizan. Mientras que los algoritmos de ML son matemáticos y simulan la manera en que aprende un ser humano, los algoritmos de DL emulan el comportamiento humano, pero con la misma forma en que lo hace un sistema de neuronas biológicas que cuenta con diferentes capas de profundidad.

Las dos especializaciones o ramas de la inteligencia artificial nacen a raíz del aprovechamiento de la gran ingesta de datos que proporciona el ecosistema digital; de ahí el gran papel que juega en este escenario el **Big Data.** A pesar de ello, y como ya has visto, cada rama de la inteligencia artificial tiene sus propios objetivos.

◁◉▷ **EJEMPLO**

Imagina que quieres identificar, entre infinidad de vehículos que circulan por la ciudad, una marca y modelo concreto de patinete eléctrico.

Atendiendo a las explicaciones dadas, quedará establecido el papel asignado a cada tipo de tecnología: inteligencia artificial, *Machine Learning* y *Deep Learning*.

Por una parte, la tecnología se valdrá de diferentes recursos para alcanzar su objetivo (identificación de un tipo de patinete eléctrico) como, por ejemplo, imágenes, sonidos diversos (bicicletas en movimiento, peatones, vehículos, etc.). Por otro lado, dispondrás de una importante base de datos que te proporcionará información relevante: forma del patinete, especificaciones, sonidos característicos, etc.

Ahora viene lo importante, donde podrás advertir el papel que juega la inteligencia artificial y las dos trascendentales ramas que cuelgan de ella.

• **Inteligencia artificial:** esta tecnología te ayudará a advertir aquellos patinetes que transitan por la ciudad, haciendo uso de imágenes. Esto permitirá diferenciar los patinetes de otros vehículos. Se consigue contrastando la fuente de datos que se dispone. Sin embargo, esto no significa que la identificación pueda ser 100 % certera, ya que existen patinetes con elementos muy parecidos que pueden confundir el resultado que ofrece la tecnología inteligente de la máquina.
• *Machine learning:* esta tecnología permite que la máquina que trata de detectar un modelo y marca de patinete eléctrico concreto aprenda de los datos característicos asociados a este tipo de vehículo. Esto permitiría dar una respuesta más precisa no solo por aprender mejor de la información específica, sino de cómo la clasifica.
• *Deep learning:* esta tecnología, como capa más compleja de inteligencia artificial, permite a la máquina entrenarse en función de los nuevos datos que se van incorporando a su sistema. Aprende de los errores y no los comete más, estando cada vez más cerca de la solución correcta gracias a un selector de errores que lo discrimina. Como resultado, la máquina se entrena para no cometer errores y dar con respuestas certeras (encontrar patinetes eléctricos de una marca y modelo concreto).

A tenor de todo lo visto, es posible resumir el papel que desempeña cada una de las dos ramas de la inteligencia artificial a través de la siguiente interacción:

- **Machine Learning:** con *Machine Learning* se mejora la capacidad de la inteligencia artificial. Las máquinas aprenden los datos y son capaces de clasificarlos.
- **Deep Learning:** con *Deep Learning* se mejora todavía más la capacidad de la inteligencia artificial. Las máquinas son capaces de entrenarse a sí mismas a través de la ingesta de datos que van recibiendo.

Indudablemente la inteligencia artificial se ha visto sometida a una gran transformación con la aparición de los **sistemas con *Machine* y *Deep Learning.***

Ahora, el potencial de la IA es mucho mayor, ya que las funcionalidades de cada rama hacen posible que los **sistemas de expertos** desarrollados tengan una **inteligencia superior:**

- **Sistemas con *Machine Learning:*** los sistemas con *Machine Learning* utilizan el llamado "diferenciador erróneo" que les permite, una vez que se han equivocado la primera vez, no volver a cometer ese mismo error. De esta manera en sucesivos intentos, y ya con otro diferenciador erróneo, van acercándose a las soluciones correctas de los problemas.
- **Sistemas con *Deep Learning:*** los sistemas con *Deep Learning* asumen la información básica de la inteligencia artificial y son capaces de dar respuestas reales a problemas reales en contextos reales, utilizando redes neuronales artificiales, tal y como lo haría el cerebro humano cuando tiene que tomar alguna decisión.

 **NOTA**

Los sistemas con tecnología *Deep Learning* son mucho más parecidos en su funcionamiento al cerebro humano.

 TAREA 1

Tras adquirir cierta formación sobre inteligencia artificial, Marta quiere resolver una duda que le ha surgido.

Continúa en página siguiente >>

<< Viene de página anterior

Cada día ella se comunica con su *iPad,* y lo hace a través de un sistema inteligente conocido por muchos, cuyo nombre es *Siri. Siri* ya conoce mucha información sobre Marta, tanto es así que ha aprendido aquello que a esta joven le interesa (música, eventos, etc.). También le avisa sobre recordatorios y hace todo lo posible por comprender a Marta.

Sobre esta información debes distinguir a qué rama de la inteligencia artificial *(Machine Learning* o *Deep Learning)* pertenece *Siri.*

Hasta aquí has aprendido que la tecnología basada en inteligencia artificial puede ser de dos tipos. Sin embargo, el verdadero desarrollo de los sistemas de expertos viene de la mano de una nueva **relación,** que asocia la **inteligencia artificial con el *Big Data:***

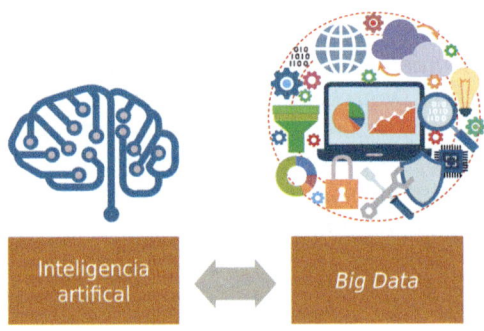

6. *Big Data:* el cambio en la IA

👉 HILO CONDUCTOR

Cuando Stephanie inició este camino formativo, jamás pudo sospechar que la tecnología basada en inteligencia artificial ya tenía algunos años. Las máquinas llevan décadas aprendiendo del cerebro humano. Sin embargo, es en esta década cuando entra en escena el gran almacén de datos. La revolución tecnológica

Continúa en página siguiente >>

<< Viene de página anterior

no ha hecho más que comenzar, y poco a poco Stephanie va vislumbrando por sí sola todo el potencial tecnológico, que deberá comenzar por un cambio en la cultura organizacional.

La inteligencia artificial es un océano inmenso de oportunidades para los negocios al entrar en escena *Big Data.*

Big Data representa una tecnología que tiene una eficiente manera de almacenar y procesar **grandes volúmenes de datos** de diferentes fuentes y formas, sin necesidad de ser tratados previamente.

 **IMPORTANTE**

El proceso de transformación digital de las empresas se ve acelerado cuando se implementa tecnología fundamentada en los datos, que se combina con la inteligencia artificial.

En los tiempos actuales los negocios se ven sometidos a importantes desafíos, tanto internos como externos.

> Transformación de los mercados

> Transformación de los sectores productivos

> Transformación digital de los negocios

Superar estos retos con éxito dependerá en gran medida de dos factores que han de tenerse en cuenta.

Las empresas, negocios, profesionales autónomos y, por supuesto, las grandes compañías requieren hacerse de dos capacidades básicas para abordar con fortuna la transición al nuevo paradigma empresarial:

➲ **Para predecir:** capacidad para reconocer, analizar y corregir un problema.
➲ **Para dar una atención personalizada:** capacidad para mejorar la experiencia del cliente con una atención individualizada.

Verás a continuación una sencilla explicación para comprender mucho mejor por qué es tan importante que los negocios estén capacitados para la predicción de oportunidades o amenazas y para dar una mejor atención personalizada.

 EJEMPLO

Poder anticiparse a los acontecimientos es una ventaja competitiva para las empresas. Es clave hacerse con tecnología capaz de leer patrones de comportamiento de los clientes en instantes reales. Para ello, la tecnología utiliza dos instrumentos vitales: los conocimientos previos (datos observables, datos públicos y datos privados) y mecanismos que identifican los movimientos de los consumidores.

Por ejemplo:

Compañías de electricidad, como Endesa, están haciendo uso de "lectores inteligentes" y megabases de datos:

• Por una parte, cuenta y hace uso de una importante base de datos (conocimientos previos).
• Por otra, identifican patrones de consumo.

La tecnología que maneja es tanto de *Machine* como *Deep Learning*. De esta manera, esta empresa consigue obtener información valiosa para acceder al mercado mayorista de la energía.

Las compañías de electricidad como esta están consiguiendo transformar su bases de datos no solo en un gran almacén de información (esto ya lo hacían antes), sino en un mecanismo decisorio para alcanzar de manera más certera los objetivos empresariales.

Las empresas que se automatizan (adoptan la inteligencia artificial) adquieren un nivel de transformación digital que les permite enfocar sus esfuerzos a mejorar la calidad del servicio al cliente y a optimizar la experiencia de sus usuarios.

6.1. Capacidades predictivas de las tecnologías inteligentes

La **capacidad de predicción** que proporcionan a las compañías las tecnologías inteligentes, haciendo uso de los datos almacenados, sigue siempre una **secuencia lógica:**

1. **Detección del problema:** por ejemplo, en una cadena de producción de una fábrica, la tecnología inteligente sería capaz de detectar un fallo de una máquina antes de que se produzca.
2. **Identificación de la causa:** atendiendo al mismo ejemplo, una vez pronosticado un problema que incurría en la paralización de la producción, con la consiguiente pérdida económica, la tecnología inteligente sería capaz de identificar la causa de la avería.
3. **Corrección oportuna del problema con la mayor eficacia:** finalmente, la tecnología inteligente proporcionaría la solución más óptima del problema.

 ACTIVIDAD COMPLEMENTARIA

3. Acabas de ver un sencillo ejemplo del uso que hace una compañía de electricidad para poder ser más rentable y competitiva. Sin embargo, la inteligencia artificial puede servir también para evitar grandes problemas.

   Sobre esta idea, formula con algún sencillo ejemplo qué incidencias podría evitar la combinación de tecnologías *Machine* y *Deep Learning* en el sector de la banca.

Como has estado viendo, la tecnología *Big Data* está jugando un papel fundamental en los avances de inteligencia artificial.

¿Podrías imaginar cómo afectaría el *Big Data* a la economía general de un país con una potente industria que dependa su producción de energías sostenibles?

Las empresas necesitarán predecir datos meteorológicos y gestionar un gran volumen de datos de manera inteligente para adaptar sus procesos productivos a las circunstancias cambiantes propias de la naturaleza. La idea es que la actividad no se detenga.

NOTA

No olvides que la inteligencia artificial es capaz de dar respuestas eficientes a problemas reales en contextos reales. Las máquinas aprenden de los datos y se entrenan con ellos. *Big Data* es el encargado de nutrir de datos a los sistemas de expertos basados en la inteligencia artificial.

6.2. Del *Data Centric* al *Data Driven:* revolución en las organizaciones

Expertos de todo el mundo advierten que la clave para que las organizaciones puedan transformar con éxito su manera de producir para ser más eficientes consiste en transformar la filosofía que hasta ahora se tiene sobre la gestión de los datos.

Por este motivo, la inteligencia artificial más avanzada es el instrumento que capacita a las empresas para que puedan adoptar una cultura basada en el **Data Driven.**

Observa con atención los dos enfoques que una empresa puede tener en torno al mundo de los datos:

> **Cultura DATA CENTRIC**
> - Organizaciones cuyas decisiones están basadas principalmente en intuiciones proporcionadas por el análisis de los datos. Centralizan datos, pero no están organizados ni son capaces de establecer conexiones que les permitan tomar óptimas decisiones y que estas sean automatizadas.

> **Cultura DATA DRIVEN**
> - Organizaciones que se ven impulsadas por los datos. Adoptan una filosofía alrededor de los mismos que les ayuda a tener una mejor visión estratégica con idea de poder optimizar la atención a los consumidores y clientes. Esto permite a las empresas tomar decisiones estratégicas de gran valor. Las compañías con una cultura *Data Driven* saben recopilar, analizar, examinar datos de diferentes fuentes, tipos y formatos, y disponen de tecnología que les permite tenerlos bien organizados. Este tipo de organizaciones toman sus decisiones sabiendo que previamente se ha realizado una optimización de toda la información disponible con profundos análisis.

La inteligencia artificial, junto con el *Big Data,* transforma sin dificultad los **datos estructurados** y **no estructurados,** provenientes de diferentes fuentes y en distintos formatos, en información fiable y de calidad.

 **DEFINICIÓN**

Datos
Son elementos que contienen una información y permiten acceder al conocimiento de un hecho.

De la misma manera que el formato responde a la forma en la que informáticamente se estructura y organiza la información, los datos en términos generales se definen y agrupan en dos importantes clasificaciones:

- **Estructurados:** representan aquellos datos sencillos de ser digeridos por el gran almacén de datos denominado *Big Data.* Son datos con unas características similares que permiten organizarlos con gran facilidad.
- **No estructurados:** por el contrario, aquellos otros datos que presentan gran dificultad a la hora de crear un patrón de búsqueda y que vienen representados por una gran diversidad de formatos reciben el nombre de datos no estructurados (vídeos, documentos *Word,* imágenes, *post* en redes sociales, etc.). Representan el gran desafío para poder ser interpretados por las máquinas.

A la hora de alimentar los algoritmos de la inteligencia artificial para que una empresa pueda sacar el máximo potencial de la información, se necesita disponer de una fuente de alimentos que almacene, procese y proporcione a las máquinas datos sin dificultad alguna para que estas aprendan solas y sean capaces de tomar óptimas decisiones.

Esta fuente de alimentos es la que ya conoces como **Big Data.**

Por esta sencilla razón, la alianza entre la inteligencia artificial y el *Big Data* transforma el concepto de **Data Centric** en la imprescindible **cultura del Data Driven.**

El papel del *Big Data* en el desarrollo de la inteligencia de los negocios es realmente importante, principalmente por dos causas:

⮞ Esta unión permite a la tecnología organizar los datos relevantes no estructurados y establecer distinciones entre los datos que aportan valor al negocio para la creación de estrategias empresariales.

⮞ Esta unión también rechaza aquellos otros datos insignificantes que retrasan los procesos y la toma de decisiones en las organizaciones que tienen todavía una cultura basada en el *Data Centric*.

A continuación te presentamos un artículo publicado por Analítica Negocios, y cuyo título es **"Diferencias entre datos estructurados y no estructurados".**

 PARA SABER MÁS

Este este artículo conocerás mucho más sobre dos importantes grupos de datos: estructurados y no estructurados. Aprenderás a distinguir aquello que los caracteriza.

https://redirectoronline.com/ifct163po0111

 APLICACIÓN PRÁCTICA

Marcos quiere profundizar en cómo ha de abordar un cambio de filosofía en todos los departamentos de su empresa a la hora de recabar datos e información, que sirva para facilitar una transformación posterior del negocio. Para ello, ha decidido llevar a cabo una de las cuatro propuestas.

a. Ordenar a todos sus departamentos que, a partir de ahora, organicen los datos que vayan generando en un mismo tipo de formato,

Continúa en página siguiente >>

de manera que la base de datos de la empresa esté compuesta por tipos de datos que faciliten la búsqueda.

b. Dar instrucciones a todos sus departamentos para que limpien sus bases de datos, dejando solo aquellos datos que sean de tipo estructurado fáciles de asimilar por un *small data.*

c. Implementar una tecnología madura capaz de procesar los datos estructurados del negocio.

d. Implementar una tecnología menos madura, pero capaz de procesar los datos íntegros del negocio, ya sean estructurados o no estructurados.

¿Cuál de las opciones planteadas por Marco implicará un mayor desafío pero permitirá obtener mayores beneficios?

Solución

Marcos tendría que invertir en una investigación para adquirir un tipo de tecnología más avanzada pero menos madura. Esto le permitiría adoptar las medidas necesarias para incorporar próximamente la inteligencia de los negocios en su empresa.

- -

Antes de implementar tecnologías de inteligencia artificial, es recomendable fomentar la cultura del *Data Driven* en los negocios.

¿Qué se ha de tener en cuenta para que una empresa adopte una filosofía *Data Driven*?

- Una cultura de empresa *Data Driven* debe girar en torno a los datos.

En breve vas a conocer cómo se ha de proceder para iniciar el camino de la transformación digital donde la inteligencia artificial, el *Business Intelligence, Big Data* y otros nuevos conceptos que aparecerán están integrados en la organización y juegan un papel fundamental.

A continuación vas a ver cómo en la práctica ya existen negocios que combinan la inteligencia artificial y el *Big Data.*

 **EJEMPLO**

Som Energía es una empresa del sector fotovoltaico que ha decidido invertir en una tecnología innovadora proporcionada por la compañía Beedata Analytics. Gracias a ello, se ha creado un producto que permite optimizar la energía solar que se genera, utilizando el gran recurso del *Big Data* y la inteligencia artificial.

¿Qué beneficio obtiene Som Energía por haber realizado esta inversión?

Gracias a las analíticas e informes totalmente personalizados generados por la empresa especializada en IA y *Big Data* que ha contratado, Som Energía ha doblado las ventas hasta alcanzar 2.000 unidades más de kits completos de paneles solares.

Los informes que se proporcionan al cliente sirven para que pueda ver y valorar con datos reales cuánto supone el ahorro de la inversión de una instalación para el autoconsumo de energía atendiendo a sus necesidades de consumo eléctrico.

Estos informes representan los resultados de poder analizar una gran ingesta de datos en tiempo real. Una compañía que no acudiera a este tipo de tecnología tendría que dedicar mucho más tiempo y no sería rentable.

Siguiendo con el ejemplo anterior, podrás conocer con mayor profundidad cómo funciona la arquitectura de datos creada para Som Energía, y qué beneficios aporta el sistema de expertos diseñado por Beedata Analytics, el cual funciona como un inteligente simulador.

PARA SABER MÁS

En el siguiente enlace podrás descubrir cómo la inteligencia artificial hace posible que una empresa aumente su rentabilidad:

https://redirectoronline.com/ifct163po0112

La inteligencia de negocios aplicada a cualquier organización opera como una fuerza transformadora del ecosistema empresarial, generando nuevos impulsos y oportunidades de negocio.

6.3. Conceptos transformadores: *Business Intelligence, Data Warehouse* y otros

En toda **revolución** aparecen conceptos que ayudan a construir **nuevos paradigmas** y comprender el contexto. En relación a la **transformación digital** de las empresas, esta se inicia pero nunca se finaliza, por lo que van emergiendo términos que hay que ir integrando y comprendiendo poco a poco. Por todo ello, y porque es importante a la vez recordar cómo tecnologías emergentes se van apoyando en otras tecnologías maduras, necesitarás diferenciar la funcionalidad de términos que conforman el amplio glosario de la transformación digital.

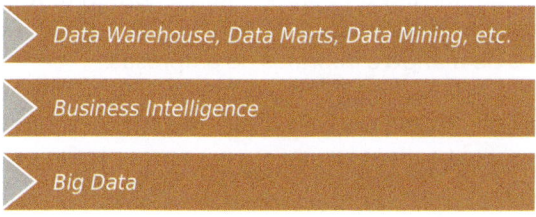

Data Warehouse, Data Marts, Data Mining, etc.

Business Intelligence

Big Data

Es muy común cometer el gran error de confundir términos relacionados con las tecnologías y el mundo de los datos como son los conceptos *Big Data, Business Intelligence* y *Data Warehouse,* por ejemplo. Sin embargo, existe una clara diferenciación entre todos estos y otros términos:

- **Big Data:** representa un conjunto de tecnología e instrumentos capaces de hacer un procesamiento y análisis de una gran cantidad de datos a un coste económico y de tiempo asumible por una empresa.
- **Business Intelligence:** representa fórmulas mecánicas, así como tácticas, que optimizan la gestión de una empresa o negocio y que facilitan la toma de decisiones estratégicas, haciendo uso de bases de datos. Son técnicas que transforman los datos en información de valor para el negocio.
- **Data Warehouse:** consiste en la arquitectura de datos. Su único fin es integrar los datos de una organización sin tener la necesidad de saber para qué serán utilizados.

NOTA

A lo largo de lo que resta de contenido conocerás cómo van encajando muchos conceptos tecnológicos en un puzle final, en el que se advertirá la eficaz relación entre la inteligencia artificial y el *Big Data.* Para ello, tendrás que adentrarte antes en el alucinante mundo de los datos del *Business Intelligence.*

Herramientas de *Business Intelligence*

El objetivo que persigue la inteligencia de negocios *(Business Intelligence)* en el siglo XXI no es otro que el de dotar a la empresa de una eficacia en la toma de decisiones estratégicas para alcanzar un mayor éxito en los resultados basados en el flujo de la información útil con el que se manejan.

Son varias las **herramientas** que intervienen en la **inteligencia de negocios.** Cada una de ellas colabora para la elaboración, entre otras cosas, de los cuadros de mando e informes de empresas:

Informes
- Los informes son la representación detallada de información extraída de los datos o materia prima inicial; pueden ser mostrados mediante gráficas u otros tipos de muestra. Aportan información valiosa para la empresa y es muy útil para la optimización de toma de decisiones.

Data Marts
- Son un subconjunto de datos almacenados en pequeños contenedores. Están clasificados por contener datos específicos de cada área de la organización.

Data Warehouse
- Almacén o almacenes de datos. Viene representado mediante un contenedor. En los *Data Warehouse* de las compañías se acumulan y clasifican las diferentes fuentes de datos, de modo que una empresa acumula todos sus datos en un contenedor llamado *Data Warehouse*.

ETL
- Son las iniciales que responden a los conceptos de *Extract* (extraer), *Transform* (transformar) y *Load* (cargar). Define el conjunto de procesos de extracción y transformación de datos con el fin de poder ser cargados para su almacenaje como un sistema de organización de información.

Fuente de datos
- Los datos son la fuente principal de la que se nutre el *Business Intelligence*. Los datos pueden provenir externamente de la relación que se mantenga con los clientes de una empresa ***(CRM)** o bien son datos propios de la misma que son administrados como recursos e información de la organización ***(ERP)**.
*CRM (Customer Relationship Management): base de datos de clientes de una empresa.
*ERP (Enterprise Resource Planning): base de datos de recursos internos de una empresa.

En los informes obtenidos o cuadros de mando, se representa la transformación de los datos como materia prima inicial que, tras su procesamiento, dan respuestas a preguntas formuladas desde diferentes áreas de la empresa. De esta manera, se facilita el camino en la elaboración y diseño de planes de acción exitosos.

NOTA

Aunque la inteligencia de negocios *(Business Intelligence)* queda a un escalón por debajo de lo que ofrece la colaboración de tecnologías como son la inteligencia artificial y el *Big Data*, es necesario comprender y entender cómo funciona.

- -

Ahora que identificas más claramente el *Data Warehouse* como una arquitectura y no como una tecnología, podrás comprender mucho mejor que su función principal es la de servir de firme cimiento en la construcción de un sistema gerencial inteligente, basado siempre en la información.

Data Warehouse asumirá el papel integrador de todas las diferentes fuentes de datos de las que se alimenta. En él se almacenan los datos operacionales, estratégicos y tácticos de las empresas.

El contenedor almacena datos procedentes de fuentes con distintas funcionalidades, integrándolas desde las actividades operacionales y rutinarias de la organización desde su nivel más básico hasta otras más complejas y que, una vez procesados, son capaces de ofrecer una información desde diferentes perspectivas.

Elevar estos resultados al orden jerárquico correspondiente permite establecer pautas rápidas de actuación a los responsables directos, dando respuestas que optimizan la toma de decisiones a una velocidad imprescindible y necesaria para mantener niveles de competitividad para la supervivencia de las empresas.

Características del *Data Warehouse*

La característica más importante del *Data Warehouse* es que cuenta con la capacidad de agrupar y estructurar toda la información para ofrecer diferentes niveles de detalle en las consultas. De esta manera, la herramienta puede aplicarse en diversos usos y adaptada a diferentes usuarios.

Sin embargo, el carácter integrador del *Data Warehouse* exige estandarizar en un lenguaje integrador (datos estructurados) todos y cada uno de los formatos (gráficos, imágenes, documentos, transacciones, etc.) en los que vienen expresados los datos para poder ser almacenados.

Bill Inmon, propulsor del concepto *Data Warehouse,* destacó cinco de sus principales características:

- **Una base de datos corporativa INTEGRADA:** cuenta con una estructura de almacenaje de datos consistentes. Esto implica la necesidad de eliminar las debilidades entre sistemas de operaciones.
- **Una base de datos corporativa TEMÁTICA:** la organización de los datos por temas facilita la comprensión y acceso a ellos. Esto significa que su ordenación se realiza pensando en los usuarios finales. Cada interesado gestionará temas y áreas de la empresa diferentes.
- **Una base de datos corporativa HISTÓRICA:** implica la recogida y almacenaje de datos identificando momentos determinados, de tal manera que se hace posible el análisis de las tendencias en intervalos de tiempos definidos y medidos para poder comparar cada uno de los datos seleccionados.
- **Una base de datos corporativa NO VOLÁTIL:** está diseñado para almacenar información permanente que no pueda ser modificada, lo que significa que se cargan datos para exclusivamente ser consultados.
- **Una base de datos corporativa METADATOS:** está compuesto de metadatos.
  Los metadatos son datos sobre datos que facilitan la compresión y origen de la información. Gracias a ellos la obtención de la información se simplifica, facilitando el trasvase de los sistemas operacionales a los sistemas informacionales.

Ventajas del *Data Warehouse*

Aunque ya podrás intuirlo, son numerosos los beneficios que ofrece a las empresas poder contar con una arquitectura de datos.

Puedes consultar con tranquilidad el listado de ventajas que viene a continuación:

- Información asequible, uniforme y actualizada.
- Influye positivamente en la calidad de las decisiones.
- Muy eficaz para un enfoque a medio y largo plazo.
- De implementación sencilla.
- Da información sobre el funcionamiento de la empresa.
- Ayuda a la dirección a crear planes de acción exitosos.
- Aumenta la productividad empresarial.
- Mejora las relaciones con clientes y proveedores.
- Convierte los datos en información y la información en conocimiento.
- Agiliza los tiempos de respuesta reduciendo costes empresariales.

◗ Aporta valor a la empresa en el procesamiento de la información.
◗ Facilita el camino para una acertada toma de decisiones.
◗ Favorece la comunicación entre diferentes departamentos en la empresa.

IMPORTANTE

Que un negocio cuente con grandes almacenes de información supone una ventaja competitiva de primer orden. Es la clave para identificar oportunidades empresariales, pero también para detectar amenazas disfrazadas en un entorno económico global y cambiante donde compiten las empresas del siglo XXI.

Sistemas OLTP

El *Data Warehouse* cumple sus funciones a la perfección como almacén dentro del objetivo planteado por el *Business Intelligence,* pero también tiene la responsabilidad de recopilar y agrupar datos de fuentes diversas (tarea compleja). Este paso previo es indispensable para posteriormente procesar los datos mediante herramientas y **mecanismos de análisis** creados para tal fin.

Ahora el siguiente objetivo es extraer información de valor para la empresa. El fin del *Business Intelligence* es proporcionar información útil para crear eficaces y eficientes estrategias de negocio.

¿Qué se necesita para llevar a cabo esta tarea de análisis?

Business Intelligence requiere de una herramienta tecnológica capaz de procesar, gestionar, mantener y administrar de manera constante y diaria todas las actividades que genera el sistema operacional del negocio y que quedan almacenadas en los distintos *Data Warehouse.*

Cada movimiento operacional de un negocio debe quedar registrado. Estos registros de los procesos transaccionales cuyo origen se encuentran en el nivel operativo de la empresa son la base del desarrollo del *Business Intelligence.*

Posteriormente, y sometidos estos registros a los procesamientos analíticos correspondientes, se consigue que el negocio pueda optimizar su actividad ofreciendo un servicio ágil e inteligente que será percibido sin duda alguna por el cliente.

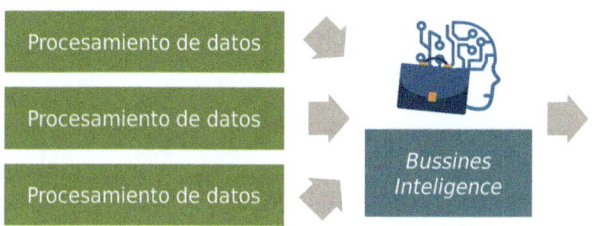

 **NOTA**

Los consumidores hoy en día reclaman disfrutar de experiencias agradables a la hora de consumir, mucho más si el medio es digital. Exigen respuestas rápidas, seguras y veraces.

El **sistema de almacenaje** cuya base de datos está orientada a procesar las transacciones y operaciones en tiempo real recibe el nombre de ***On Line Transaction Processing*** (OLTP).

PROCESOS *WAREHOUSE*

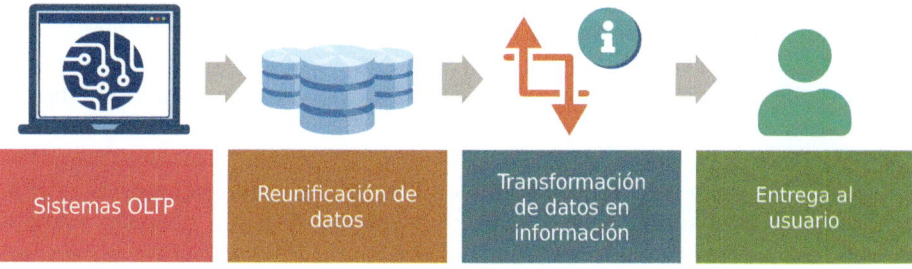

Un sistema OLTP es un sistema de soporte de operaciones del que dispone la empresa para poder realizar las transacciones diarias, así como los pedidos, las transacciones bancarias y cualquier tipo de operativa.

Ventajas e inconvenientes de los sistemas OLTP

Sin duda, los sistemas OLTP suponen una **ventaja** para las empresas, pues facilitan su operatoria. Pero has de saber que soportan una gran cantidad de transacciones diarias, pudiendo todo esto representar también algunos **inconvenientes:**

⮑ Ventajas de los sistemas OLTP:

- ◉ Almacenaje de gran cantidad de datos.
- ◉ Datos organizados según el departamento que los origina.

⮑ Inconvenientes de los sistemas OLTP:

- ◉ Dificultad en el acceso a los datos.
- ◉ Ausencia de uniformidad en la presentación de datos.

NOTA

De nuevas necesidades van surgiendo nuevas tecnologías.

- -

Retos en la implementación del *Data Warehouse*

Uno de los principales desafíos a los que se enfrentan los negocios a la hora de crear un **Data Warehouse** es que no es posible adquirir estos almacenes de datos mediante la compra de un *software,* ya que se trata de un **proceso de construcción evolutivo** de la empresa, que requiere mucho tiempo y dedicación.

Para ello, se necesitará establecer en primer lugar unas pautas claras, precisas y conscientes, apoyadas en una metodología que permitirá avanzar en los procesos para la adecuada implementación del *Data Warehouse* en el negocio, así como la posibilidad de realizar controles de la evolución y desarrollo de las fases de implementación de este gran almacén de datos.

Una buena práctica consiste en iniciar este proceso en un área específica de la compañía mediante fases claramente establecidas. Con posterioridad este modelo podrá extenderse a la totalidad departamental de la organización, pudiendo de esta forma comprobar los beneficios más a corto plazo:

Objetivos
- Como cualquier base de proyecto que se inicia, los objetivos deben quedar claramente identificados para establecer la razón por la que se realiza la acción. Para ello es de vital importancia definir unos objetivos concretos, claros, medibles, etc.

Requerimientos
- Es muy importante establecer todos los pasos que se irán desarrollando en la construcción del *Data Warehouse*. Para ello, se necesitará conocer los requerimientos de la información para la elaboración del proyecto.

Diseño
- El diseño quedará determinado por los requerimientos de la información. Una vez establecido el paso anterior, se podrá diseñar un modelo correcto de *Data Warehouse*.

Extracción y carga
- Llegados a esta fase, la implementación en la empresa de un *Data Warehouse* requiere la extracción de datos provenientes de los procesos operacionales de la empresa, además de la carga de los mismos en el almacén de datos. Esto se hace con idea de que puedan ser explotados posteriormente por el *Data Warehouse* a través de herramientas, técnicas y sistemas, que harán que este almacén ya construido sea útil para su uso práctico por parte de los usuarios.

Revisión
- La revisión juega un papel determinante, puesto que has de saber que un *Data Warehouse* quedará bien implantado siempre y cuando se haya sometido a preguntas que den respuestas a posibles mejoras para sacar el máximo provecho a esta acumulación de información.

 ## ACTIVIDAD COMPLEMENTARIA

4. Lee atentamente el siguiente documento. En él se expresa y explica la evolución, el desarrollo y la importancia de los sistemas de información para la compleja toma de decisiones en una empresa.

Continúa en página siguiente >>

<< Viene de página anterior

https://redirectoronline.com/ifct163po0113

¿Qué beneficios aportaría la intervención de la inteligencia artificial y la utilización de un conjunto de tecnologías asociadas al *Big Data?*

Sistemas OLAP

El carácter analítico de la inteligencia de negocios queda representado mediante un cubo tridimensional. Los procesos analíticos suceden gracias a los **sistemas OLAP.**

Carácter descriptivo
- El análisis de datos históricos permite realizar una radiografía de lo acontecido en tiempos pasados.

Carácter predictivo
- El análisis de datos va dirigido a proporcionar respuestas a lo que pudiera acontecer en el planteamiento de suposiciones futuras.

 **DEFINICIÓN**

Sistema OLAP
On-Line Analytical Processing (OLAP) es un proceso analítico en línea cuya base de datos es multidimensional. Está orientado a servir de soporte para el análisis de predicciones de situaciones futuras y tendencias. Su principal función es dotar de agilidad la consulta de grandes volúmenes de datos.

Los sistemas OLAP se representan gráficamente con la figura de un **cubo.** Con esta forma es posible catalogar datos descriptivos (**datos cualitativos**). Por otra parte, y gracias a las medidas y el volumen, es posible informar también de **datos cuantitativos.** Cada pieza de este cubo contiene información específica y cuenta con movilidad, favoreciendo el proceso analítico de consulta con enorme agilidad.

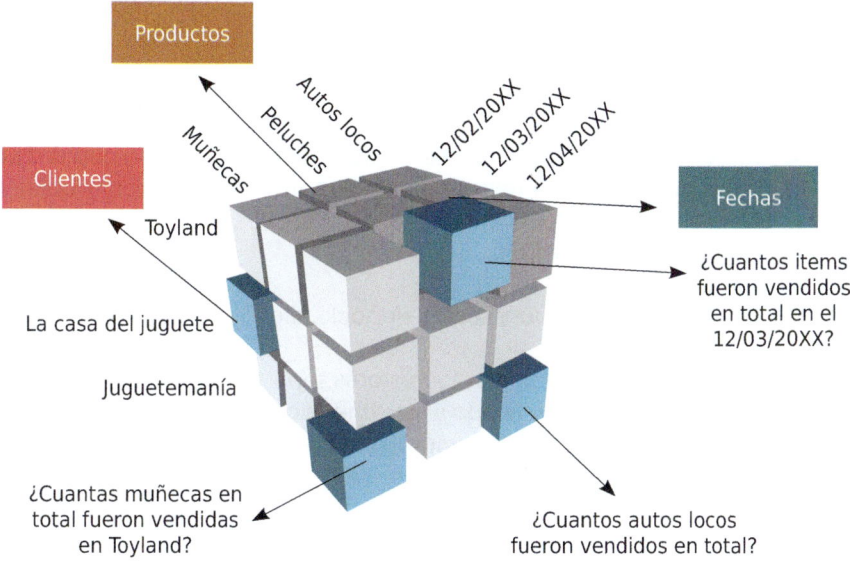

Ejemplificación de un sistema OLAP aplicado a un negocio de venta de juguetes (© Imagen: Evaluando Software / evaluandosoftware.com)

NOTA

En función de la movilidad de las piezas consultadas, se determinará si la técnica de análisis es *Drill Down* (de la generalidad a la particularidad) o *Drill Up* (un informe te lleva a otro informe relevante para los datos que se analizan). Esto implica consultas en ambas direcciones como, por ejemplo, ventas de un producto determinado en España, Andalucía, Málaga, Antequera) o acceder a información de número de ventas por productos, pero también a datos sobre comerciales que satisfacen las ventas de una localidad.

- -

Por lo general, las gerencias de pequeñas y medianas empresas están aún acostumbradas a la utilización de las ya tradicionales hojas de cálculo y programas informáticos algo obsoletos. Pero los modelos OLAP ofrecen alternativas mucho más ventajosas:

- ➲ Son capaces de representar la información solicitada mediante un lenguaje empresarial mucho más actual.
- ➲ Pueden dar forma a los datos acumulados mediante una **dimensión, medida, jerarquía** y **granularidad.**

Así se constituye un cubo OLAP:

- ➲ **Dimensión:** trabaja con bases de datos dimensionales, y capaz de dar a la información diferentes perspectivas para su análisis con el objetivo de entender y facilitar su comprensión.
  Ejemplos de dimensión:

  - ⊍ País, ciudad, región, sector, negocio, etc.

- ➲ **Medida:** las medidas son los valores representados por números que ayudan a dar un significado a las dimensiones objeto de estudio. Son los números que facilitan la comprensión de una gráfica.
  Ejemplos de medida:

  - ⊍ Cantidad, ventas, unidades, coste, etc.

- ➲ **Jerarquía:** cuando se quiere investigar sobre un dato y profundizar en él, hablamos de jerarquía.
  Ejemplo de jerarquía:

  - ⊍ Queremos visualizar las ventas en una provincia y se profundiza en las localidades.

- ➲ **Granularidad:** cuanto mayor nivel de detalle tenga la información sobre la que se desea trabajar, mayor será su grado de granularidad y, por tanto, mayor será la cantidad de datos que analizar.
  Ejemplos de granularidad:

  - ⊍ Obtención de datos de ventas de la localidad, por semestre, trimestre, mes, día, hora, etc.

 **IMPORTANTE**

Este nuevo lenguaje empresarial ha ido preparando y capacitando a los negocios para adentrarse a nuevas fórmulas que liderarán la gestión de la información en el mundo empresarial. Un nuevo paradigma de los negocios protagonizado por la inteligencia artificial y ventajas de las que se nutre a través del *Big Data*.

Son varias las **herramientas OLAP** que el *Business Intelligence* maneja. Sin profundizar mucho en ello, es importante que conozcas qué artilugios se utilizan; esto te permitirá razonar la utilidad de un *Data Warehouse* para negocios de cualquier tamaño, incluidas las grandes empresas.

A continuación, identificarás las **tres categorías de servidores o sistemas de procesamiento OLAP:**

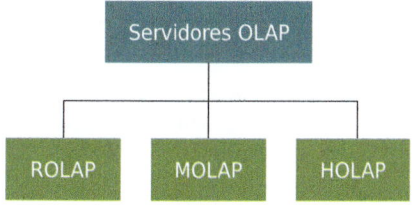

No olvides que los datos representan la materia prima del *Business Intelligence*. Gracias a ellos se conforma y construye un almacén donde quedan incorporados, rechazando todos aquellos datos duplicados y carentes de uso. Mediante las diferentes técnicas OLAP, es posible el procesamiento de datos, cuyo objetivo es proporcionar información relevante para las empresas. Como consecuencia, los negocios tomarán decisiones más relevantes y óptimas, cuestión esta que ayudará a su supervivencia.

Data Mining

Otro importante concepto asociado con la inteligencia de negocios es el conocido como **Data Mining.**

Data Mining o minería de datos

- Se trata de un conjunto de técnicas a las que se les aplica la tecnología con el fin de procesar, mediante exploración, una inmensidad de volúmenes de datos que, de manera automatizada o parcialmente automatizada, hace posible localizar patrones, tendencias o incluso dar respuestas futuribles en escenarios reales o imaginables en el entorno de la empresa y en un determinado contexto.

El *Data Mining* es capaz de convertir los datos en información y la información en conocimiento para así poder optimizar las decisiones empresariales.

Una de las principales **funcionalidades** del *Data Mining* es que esta tecnología puede llegar a encontrar **información escondida** en los datos que analiza.

 **EJEMPLO**

Imagina la importancia que puede llegar a tener para la comunidad científica disponer de la funcionalidad de la minería de datos en sus trabajos de investigación. Gracias a esta tecnología, es posible la clasificación y segmentación de simples datos y, lo que es mejor, facilita la **creación de hipótesis científicas.**

Son varios los **objetivos** del *Data Mining,* pero principalmente pueden agruparse en dos objetivos principales:

Descriptivo	Predictivo

- Busca y describe las reglas de asociación de patrones secuenciales.
- Por ejemplo:
  - Consigue establecer la relación de productos que suelen ser adquiridos al mismo tiempo por un consumidor dentro de un mismo comercio.
	- Una vez encontradas las reglas de asociación, es capaz de predecir y estimar comportamientos.
	- Por ejemplo:
	  - Desde un enfoque de la medicina, se puede estimar el desencadenante futuro de una enfermedad.

En función de dónde se apliquen las técnicas del **Data Mining,** la minería de datos puede clasificarse en **dos categorías** diferentes:

- **Text mining:** se aplican las técnicas de la minería de datos a la totalidad de documentos en diferentes formatos almacenados en las empresas.
- **Web mining:** se aplican las técnicas de la minería de datos a las huellas que los usuarios digitales van dejando mientras navegan por la red de internet.

Vistas las diferencias entre algunos conceptos, has de saber que cuando **la arquitectura de los datos** o *Data Warehouse* sirve no solo para **almacenar datos,** sino también para **proporcionar valor** a la empresa con idea de tener optimizados todos sus procesos, deberá sin excusa aparecer en escena el **Big Data.**

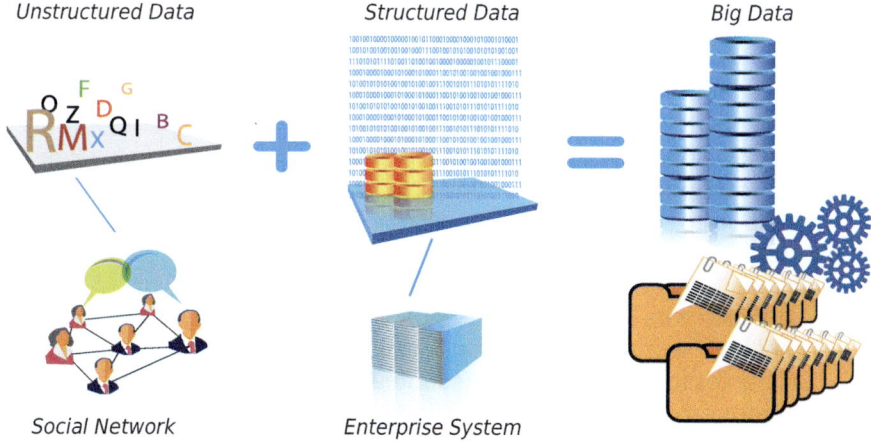

Unstructured Data   *Structured Data*   *Big Data*

Social Network   *Enterprise System*

El Big Data consigue analizar y procesar un inmenso volumen de datos provenientes de fuentes diferentes y formatos distintos, sin necesidad de que estos deban estar estructurados.

NOTA

Con el *Data Warehouse* solo es posible integrar infinidad de datos para proporcionar coherencia y credibilidad a la información que gestiona una empresa, pero es difícil establecer automáticamente relaciones entre ellos.

La mejor manera de ensalzar la labor del *Big Data* como conjunto de tecnologías es estableciendo diferentes definiciones:

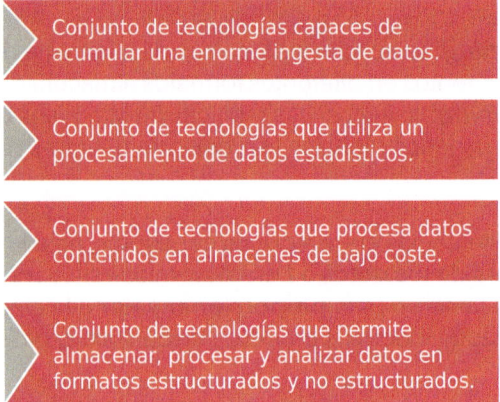

Conjunto de tecnologías capaces de acumular una enorme ingesta de datos.

Conjunto de tecnologías que utiliza un procesamiento de datos estadísticos.

Conjunto de tecnologías que procesa datos contenidos en almacenes de bajo coste.

Conjunto de tecnologías que permite almacenar, procesar y analizar datos en formatos estructurados y no estructurados.

Diferencias entre *Business Intelligence* y *Big Data*

Las soluciones tecnológicas del *Big Data* proporcionan a la inteligencia artificial un poder muy importante. No hay que olvidar que el *Big Data* está compuesto por un conjunto de tecnologías capaces de almacenar, analizar y procesar enormes volúmenes de datos.

Lo importante de todo ello es que, a diferencia del sistema de *Business Intelligence,* que pierde tiempo y agilidad en el procesamiento de datos de diferentes formatos y fuentes (estructurados y no estructurados) para organizarlos en un cubo multidimensional, el *Big Data* los procesa rápidamente aunque sean datos de distintas fuentes, plataformas y sin relación alguna, sin necesidad de unificar estructuras y sin tan siquiera hacer que el almacenaje esté dentro de un mismo cubo o contenedor.

El procesamiento de datos con formatos diferentes y distintas fuentes es realmente complejo. Por este motivo, el Big Data conforma una nueva generación de alta tecnología que permite con gran agilidad la transformación y extracción de datos de una organización.

 **IMPORTANTE**

Si el *Business Intelligence* ya aporta una gran ventaja competitiva a las organizaciones que lo implementan, **¿puedes imaginar qué beneficios recibirán las empresas que quieran dar un paso más al implementar la inteligencia artificial con todo el potencial del *Big Data*?**

Para que te resulte más fácil advertir las **diferencias** entre las dos inteligencias, **inteligencia de negocios e inteligencia artificial,** a continuación tendrás un pequeño esquema de lo que cada una de ellas puede aportar. De esta manera, podrás hacer mejor la comparativa y ver exactamente qué necesitas:

Software de business intelligence

- **Modelado de datos:** consiste en dar forma a la representación jerárquica de los datos en el cubo o contenedor. Para ello se utiliza un método que analiza todas las fuentes de datos existentes de la organización. De esta manera, se consigue determinar cómo debe ser la relación entre los datos para que la interacción sea la correcta.
- **Creación de informes y análisis:** método que se utiliza para la generación de informes y que aporta rapidez en la consulta para que puedan finalmente ser utilizados por los usuarios finales:
  - Captura de los datos.
  - Estructuración de los datos.
  - Almacenaje de los datos.
  - Análisis de los datos.
- **Generación de cuadros de mandos:** generación de informes que agrupa, según unos parámetros, los datos decisorios de un negocio. El contenido de estos informes está adaptado al usuario final (dependiendo del nivel jerárquico que el usuario tenga en la organización o del departamento al que pertenezca, el cuadro de mando recogerá una información u otra).

Software de inteligencia artificial

- **Automatización de procesos:** es lo más parecido a la sinapsis de las redes neuronales biológicas. De forma automatizada se hace uso de la información con una capacidad de interactuación de los datos, haciendo uso de estos en función de la necesidad para dar determinadas respuestas. Un buen ejemplo podría ser el proceso que utiliza un sistema de experto para interpretar el contenido de contrato.
- **Percepción cognitiva:** consiste en la destreza de la máquina para emplear algoritmos basados en la inteligencia artificial y en el consumo de datos para extraer razonamientos o modelos de conducta. Ejemplo de ello podría ser la gestión de diversas bases de datos para hacer marketing programado.
- **Interfaz cognitiva:** consiste en la maquinaria para llevar a cabo actuaciones cognitivas por parte de los programas informáticos, es decir, interacciones con los seres humanos. Ejemplo de ello son las experiencias conversacionales *(Chatbots)*.

 PARA SABER MÁS

Si con todo lo visto aún te quedan ganas de profundizar sobre cuáles son las diferencias entre la inteligencia de negocios *(Business Intelligence)* y la inteligencia artificial, aquí tienes un interesante artículo que definitivamente te lo aclarará:

Continúa en página siguiente >>

<< Viene de página anterior

https://redirectoronline.com/ifct163po0114

Progresando: del *Big Data* al *Blockchain*

Si piensan que con el *Big Data* la inteligencia artificial está en su máxima expresión, estás equivocado.

Llega una nueva revolución que viene de la mano del **Blockchain** y, por supuesto, de la conectividad y velocidad en la que viajan los datos.

Caracterizada por la seguridad e inmutabilidad, *Blockchain* es una gigantesca base de datos que permite acoger y enlazar todo tipo de registros operacionales.

 **DEFINICIÓN**

Blockchain
Se trata de una tecnología cuyo diseño permite transacciones a través de cadenas de bloques. Estas operaciones no requieren de intermediarios (servidores), haciendo que las comunicaciones (flujo de datos) entre emisores y receptores sean directas y ágiles.

Blockchain es una **nueva dimensión de tecnología** que definitivamente está revolucionando los sistemas de información. El impacto que producirá en el ecosistema empresarial cambiará la manera en la que los datos son transferidos a través de internet, generando un nuevo paradigma.

Para que su comprensión sea más sencilla, imagina esta comparativa.

¿Qué ocurriría si tenemos un Ferrari, pero no contamos con autopistas?

El Ferrari es *Big Data, Blockchain* es una red de autopistas sin límite de velocidad.

Con la simple intención de despertar cierta curiosidad, a continuación dispondrás de algunos conceptos básicos que te ayudarán a comprender cómo se constituye esta imponente red que permite una mayor transparencia y una descentralización de datos y aporta una increíble seguridad a las empresas, negocios, organizaciones e instituciones.

A continuación, se describen los detalles de esta nueva tecnología:

- **Criptografía:** técnicas de cifrado que permite codificar de manera segura las comunicaciones.
- **Ciclo de vida:** proceso a través del cual se producen las transacciones entre usuarios utilizando una estructura de bloques.
- **Estructura de bloques:** mecanismo que permite la consulta de datos a través de la ordenación y almacenamiento de una gran cantidad de datos.
- **Algoritmos de conceso:** raíz tecnológica del *Blockchain*. Son algoritmos que seleccionan las situaciones correctas de los registros después de ejecutar las transacciones.
- **Arquitectura:** bloques de almacenaje de datos lineal que permite gestionar la información.
- **Ecosistema:** amplio contexto de aplicación en el desarrollo de recursos inteligentes que permiten ser interaccionados a través de tecnología *Blockchain*.

Para contextualizar la operatividad funcional en transacciones económicas utilizando la cadena de bloques, tienes a tu disposición la siguiente infografía que resume la practicidad de *Blockchain*.

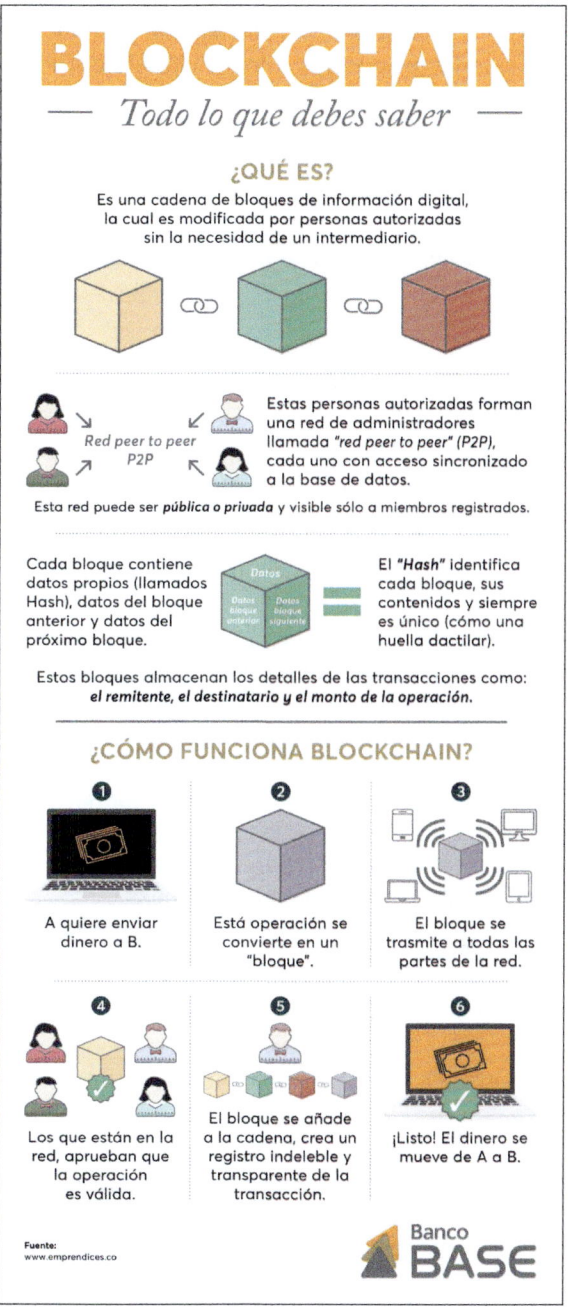

Esquema de transacción dineraria sin bancos intermediarios
(© Imagen: emprendices / emprendices.co)

Aunque en un primer momento *Blockchain* es fácil de relacionar con el mundo de las **criptomonedas** (dinero virtual), en definitiva, y aplicada a otros ámbitos, esta tecnología permite que las organizaciones funcionen de una forma mucho más efectiva:

- De forma descentralizada
- Dotando de control de identidad a cada transacción
- Mitigando los riesgos de la ciberdelincuencia

 **IMPORTANTE**

La ciberseguridad es un gran reto del actual ecosistema digital que toda organización debe afrontar con los mayores recursos disponibles.

Sin duda, *Blockchain* supondrá un cambio a la hora de comunicarnos, ya que son muchas las aplicaciones que pueden utilizar esta increíble tecnología.

Presta atención a los **principales usos** que se muestran a continuación:

- Transferencia veloz de dinero virtual sin intermediarios bancarios
- Firma de contratos en milésimas de segundo
- Elecciones electrónicas con garantía (voto electrónico)
- Gestión de gastos de las administraciones
- Compraventa digital de bienes
- Testamentaría digital, etc.

 **NOTA**

Muchos países e instituciones han comenzado a recopilar datos. Por ejemplo, en Italia ya es posible realizar aportaciones a asociaciones sin ánimo de lucro (ONG) donde el donante puede hacer un seguimiento de dónde está su dinero.

 **PARA SABER MÁS**

Si quieres tener algún dato más sobre la nueva relación entre el *Big Data* y la tecnología *Blockchain,* anímate a leer el siguiente artículo en el que Telefónica explica en su blog qué tendencias tecnológicas debe conocer un emprendedor.

https://redirectoronline.com/ifct163po0115

6.4. Objetivos de la nueva inteligencia artificial

A medida que numerosas tecnologías han ido integrándose y madurando, la inteligencia artificial ha dado un **salto exponencial** con avances innovadores que pueden aplicarse en todos los ámbitos industriales y sociales.

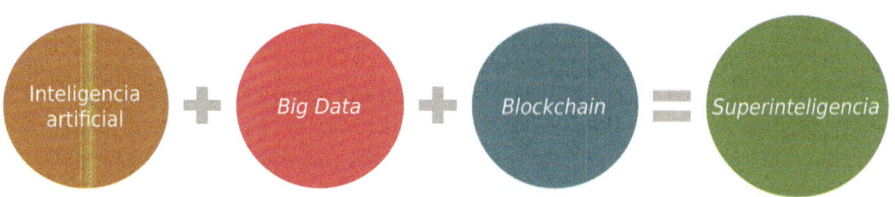

 **NOTA**

No hay que olvidar que, en la inteligencia artificial, el potencial de los algoritmos para dar con soluciones optimizadas capaces de resolver problemas complejos pasa por la ingesta voluminosa de datos.

Muchos de los nuevos programas informáticos comienzan ya a diseñarse con la inteligencia más desarrollada. Esto permite la proliferación de infinitas aplicaciones muy eficaces que no solo aportan beneficios a las empresas, sino también ofrecen grandes ventajas para las sociedades y para su ciudadanía.

¿Qué objetivos está cumpliendo el conjunto de estas tecnologías?

A continuación, tienes una relación de metas alcanzadas por tecnologías gracias a la intervención de la IA. Posteriormente tendrás la oportunidad de ir desgranando cada meta una a una:

1. Ayuda a conocer el comportamiento de los usuarios y consumidores
2. Contribuye a crear propuestas sostenibles que respetan el medioambiente
3. Contribuye a aumentar la seguridad
4. Ayuda a mejorar la atención del cliente
5. Actúa en beneficio de la calidad de vida de la ciudadanía

 **IMPORTANTE**

Resulta difícil visionar todas las ventajas que ofrece la unión de dos superpoderes como son la inteligencia artificial y el *Big Data*. Son dos importantes e inseparables socios que impulsan la transformación de las organizaciones, y sirven de flotador en un contexto económico cambiante y lleno de sorpresas.

Son muchos los factores que influyen en las decisiones de compra de los consumidores. Es evidente que no todos los clientes adquieren productos bajo el mismo patrón de compras. Las motivaciones, las circunstancias, los gustos, las experiencias previas y miles de factores más influyen directa e indirectamente en el cierre de una venta. La multitud de factores hace difícil y complicado que las empresas puedan plantearse crear propuestas y soluciones comerciales a medida. Sin embargo, las nuevas tecnologías basadas en IA son capaces de **reconocer el comportamiento de los usuarios y consumidores.**

Otro importante reto alcanzado por la asociación de dos potentes tecnologías (IA y *Big Data*) es el de ser capaz de crear **propuestas para la mejora energética y soluciones comerciales sostenibles.**

Como ejemplo, muchas empresas están impulsando una concienciación para el ahorro energético a través de soluciones asentadas en la inteligencia artificial:

Internet de las cosas
- Muchas empresas adaptan sus productos para que estos permitan a los usuarios hacer un uso de la tecnología con más responsabilidad hacia los recursos naturales. Ejemplo de ello son las bombillas inteligentes, el control de la calefacción, etc.

Edificios inteligentes
- Las edificaciones inteligentes son grandes propuestas de valor. Pueden ser edificios de viviendas o casas independientes, pero también locales que alojan entidades bancarias u hospitales. Su gestión es automatizada y, gracias a estos sistemas inteligentes, es posible un gran ahorro energético, de mantenimiento y de administración. Algunas ventajas son:
- Administración y mantenimiento más sencillo.
- Aportan eficiencia energética y sostenibilidad del planeta: consumen menos.
- Son mucho más cómodos y tienen la capacidad de adaptación a las necesidades de los usuarios.

 ## ACTIVIDAD COMPLEMENTARIA

5. Acabas de ver algunas ventajas de dotar de inteligencia artificial a edificios y construcciones. Ahora te toca a ti. Busca en internet algún ejemplo y pon en relieve qué beneficios aporta ese inmueble en el respeto al medioambiente.

   Así, identifica un edificio inteligente que ya esté funcionando en cualquier parte del mundo y describe qué valor añadido aporta.

El auge creciente de los *Chatbots*

El tándem formado por la IA y el *Big Data* es un excelente recurso para **mejorar la atención del cliente.**

Este conjunto de tecnologías ofrece en tiempo real una efectividad de respuesta a los consumidores, clientes y usuarios. Esta misión hace que el cliente digital tenga una buena percepción sobre el producto o servicio que se le oferte, aumentando su grado de satisfacción.

La herramienta para proporcionar esta óptima atención al cliente se denomina *Chatbots.*

Veamos ahora un ejemplo de su funcionamiento, pero antes presta atención a la definición.

- El concepto Chatbots viene a representar la manera en la que la atención al cliente se realiza de forma automatizada. En realidad son programas informáticos que utilizan la inteligencia artificial y una gran base de datos para comunicarse con los clientes y mantener conversaciones con ellos en tiempo real.

 **NOTA**

Los *Chatbots* ofrecen una atención al cliente totalmente personalizada por medio de conversaciones. Dan respuestas a las consultas planteadas por los usuarios y los guía de forma ordenada hasta dar con la solución al problema planteado de la manera más óptima.

Has de tener en cuenta que no todos los *Chatbots* emplean los mismos recursos tecnológicos para ser operativos y funcionales. Presta mucha atención porque, a la hora de implementar un programa conversacional automatizado en la web de tu negocio o empresa, tendrás que elegir entre **dos categorías de *Chatbots*.** La diferencia entre ambas radica en el tipo de tecnología que se ha utilizado para crear dicho programa:

- *Chatbots* **predefinidos:** dan respuestas automatizadas pero predefinidas según unos comandos configurados. Las conversaciones son muy simples, y solo permiten al usuario seguir una única línea de conversación. Principalmente pueden distinguirse porque las soluciones que ofrecen vienen acompañadas de respuestas cerradas.
- *Chatbots* **con inteligencia artificial:** dan respuestas automatizadas, pero siendo capaces de advertir las necesidades concretas del cliente. Con este tipo de *Chatbot* el consumidor puede mantener perfectamente una conversación tal y como si la tuviera con una persona que está al otro lado. Las respuestas son totalmente razonadas.

Gracias a los *Chatbots,* las empresas pueden atender a sus clientes a través de canales digitales **reduciendo el tiempo de respuesta.** La tecnología basada en la inteligencia artificial sirve como canal de comunicación con gran efectividad, proporcionando una valiosa **experiencia al usuario** que optimizará sin duda alguna la atención y respuestas a sus necesidades y dudas mediante un lenguaje de texto o a través de una simple voz.

En este sentido, este tipo de atención al cliente está en auge. Tanto es así que cada vez más el usuario percibe el procedimiento de forma grata aceptando con normalidad este tipo de conversaciones inteligentes.

Sin embargo, lo más sorprendente está aún por llegar: lo comprobarás en el vídeo que tienes a continuación. No obstante, y antes de visualizar este pequeño documental, deberás reflexionar sobre la siguiente cuestión que se te plantea ahora, ya que al finalizar el vídeo realizarás una actividad con la que darás respuesta a ella.

 **VÍDEO**

En este vídeo puedes ver una entrevista con un robot con inteligencia artificial, Sophía. Sophía es una autómata preparada con inteligencia artificial que es capaz de conversar con un humano con total normalidad.

Continúa en página siguiente >>

<< Viene de página anterior

https://redirectoronline.com/ifct163po0116

Uno de los principales desafíos que supone el diseño de *softwares* de inteligencia artificial para la creación de *Chatbots* es dotar a este instrumento de la capacitación suficiente para reconocer en el interlocutor, a través de la conversación, grados de frustración como la decepción, el enfado, etc. En este sentido, los algoritmos aprenden rápido y se entrenan para localizar la mejor solución en sus respuestas.

APLICACIÓN PRÁCTICA

Acabas de comprobar cómo el robot Sophía puede perfectamente interactuar con una persona y responder, sin ninguna duda, a todas las cuestiones que se le puedan plantear. Si has observado bien, habrás visto que Sophía incluso ha aprendido a gesticular con cierta coherencia no solo en todas sus respuestas, sino también a la hora de escuchar a su interlocutor.

Basándote en estos datos, y con todo lo aprendido a lo largo del contenido, responde a la siguiente cuestión. ¿En qué rama de la inteligencia artificial se basan los *Chatbots*?

Solución

Se puede decir que este tipo de *Chatbots* son programas informáticos de inteligencia artificial cuyo diseño está perfectamente preparado para realizar de forma independiente tareas sin el apoyo humano. Esto hace posible la interacción de la máquina con el usuario. Dicho esto, el principal avance que han tenido estas interesantes experiencias conversacionales viene de la mano del

Continúa en página siguiente >>

<< Viene de página anterior

Machine Learning o aprendizaje automático. Esta rama de la inteligencia artificial permite optimizar dos aspectos fundamentales, aprendiendo y entrenándose:

- Por una parte, la calidad del *software* para comprender el mensaje.
- Por otra parte, la calidad del *software* para dar respuestas efectivas.

- -

Por último, y para que puedas seguir avanzando descubriendo algunas herramientas *online* que te permitirán crear tanto *Chatbots* predefinidos como otros que tienen integrados inteligencia artificial, previamente conocerás qué beneficios obtienen las empresas por atender a sus clientes con estos procedimientos inteligentes.

A continuación, describimos las ventajas que proporciona a los negocios el uso de los *Chatbots:*

Atención al cliente sin esperas
- Una de las situaciones que más irrita a los clientes cuando están en espera de ser atendidos es ese instante (a veces demasiado largo) en el que se ameniza con música mientras se aguarda el turno para lanzar la consulta. Este contexto es evitable con los *Chatbots*. A través de ellos el tiempo de respuesta es inmediato.

Atención al cliente personalizada
- El mercado es globalizado, por tanto, cualquier persona en cualquier parte del mundo puede adquirir productos o servicios gracias a la economía digital. Esto significa que la atención del cliente debe tener en cuenta aspectos tan importantes como:
  - El idioma en que los usuarios plantean dudas y hacen consultas.
  - Advertir comportamientos y conductas de consumo para proporcionar experiencias conversacionales únicas.
- Los *Chatbots* (como *softwares* de inteligencia artificial) recopilan constantemente voluminosos datos de los usuarios que, a diario, interaccionan con ellos. Esto hace posible que pueda personalizarse la atención al cliente de manera que mejora de forma considerable cualquier experiencia.

Atención al cliente 24 horas
- El cliente no tiene que esperar el horario de apertura del comercio, negocio, empresa u organismo para hacer consultas. Con los *Chatbots* el horario es ilimitado.

Continúa en página siguiente >>

<< Viene de página anterior

Atención al cliente que fideliza
- Las experiencias conversacionales son una excelente oportunidad para enaltecer la marca y fidelizar a los clientes. Los *Chatbots* más exigentes cumplen con este objetivo sobradamente:
    - Saben generar confianza.
    - Saben guiar al cliente para descubrir el nivel de satisfacción del servicio o producto.
    - Saben obtener sutilmente información complementaria de gran valor.

Atención al cliente rentable
- Al ser un programa informático, la única inversión necesaria será la inicial y la de llevar a cabo tareas periódicas de actualización. En alguna ocasión habrá que realizar alguna que otra variación del programa para ir dotándolo de mayor funcionalidad.

Si tu presupuesto es algo reducido, o simplemente solo quieres iniciarte en el mundo de los *Chatbots* de manera simple y sencilla, puedes utilizar recursos disponibles en internet. Esta opción te ayudará a crear tú mismo/a estas conversaciones automatizadas según unas preguntas tipo y un ramillete de diferentes opciones de respuestas. Sin embargo, no olvides que aquí la inteligencia artificial primará por su ausencia.

ManyChat y *Drift* son dos plataformas a través de las cuales es posible configurar conversaciones automatizadas.

Si, por otro lado, tu apuesta es mayor y lo que necesitas es implementar en tu web la inteligencia conversacional en todo su esplendor, tendrás que inclinarte por el mundo de los *Chatbots* más complejo que utiliza el aprendizaje automático para procesar el lenguaje natural a través de las máquinas.

Landbot.io proporciona las ocho claves de la IA conversacional, a diferencia de los *Chatbots* simples y convencionales:

- Extracción de información
- Traducción automática
- Integración automática
- Clasificación del texto
- Respuestas a las preguntas
- Análisis de los sentimientos
- Reconocimiento de *spam*
- Identificación del lenguaje y un largo etcétera

PARA SABER MÁS

Si quieres conocer estadísticas y tendencias de la inteligencia conversacional, no dudes en leer con especial atención este interesante artículo de Landbot. Seguro que te ayudará a tener una visión más aproximada y futurista de lo que significa la atención al cliente gracias a los *Chatbots* con inteligencia artificial.

https://redirectoronline.com/ifct163po0120

Tal y como se ha señalado, otro desafío conseguido por la alianza de la IA con el *Big Data* es el aumento de la **seguridad** en aquellos campos en donde se aplican estas avanzadas tecnologías.

¿Cómo es posible? La respuesta es bien sencilla.

Se crean soluciones que controlan y mejoran los niveles de seguridad. Aquí tienes dos importantes funcionalidades:

➲ **Detección de incidencias:** se desarrollan aplicaciones capaces de localizar en tiempo real incidencias que ponen en riesgo la seguridad de personas tanto en entornos privados como en públicos.
Por ejemplo:

  ◑ Detección de caídas (árboles, personas, accidentes, etc.).
  ◑ Gestión de tráfico.
  ◑ Hogares seguros.
  ◑ Avisos para la atención sanitaria ágil y gestión de emergencias eficaces.
  ◑ Gestión de multitudes.
  ◑ Etcétera.

➲ **Alertas de emergencias:** se desarrollan programas capaces de servir de ayuda a instituciones como ayuntamientos, diputaciones, etc., para

mejorar sus servicios y ofrecer un valor añadido a colectivos con capacidades limitadas y al resto de la población (ciudades inteligentes seguras). También las empresas privadas pueden ofrecer espacios seguros con tecnología que alerte a personas y a empleados en tiempo real.
Por ejemplo:

◍ Diseño de sistemas que identifican patrones de comportamiento y movilidad de la población, permitiendo acondicionar los servicios para personas con alguna discapacidad funcional. Gracias a estos sistemas es posible transformar una población en un destino inteligente preparado para proporcionar servicios seguros sin discriminación.

◍ Diseño de programas que permite, mediante cámaras de videovigilancia con IA, detectar y evaluar situaciones de riesgo a fin de poner remedio preventivo. También estas cámaras inteligentes identifican conductas inseguras de ciudadanía y empleados:

⇕ Son capaces de detectar y alertar de la ausencia de material de protección por parte de ciudadanos y los empleados en su lugar de trabajo (cascos de protección, guantes EPI, cinturones de seguridad, etc.).

⇕ Reconocimiento facial, identificación de riesgos en perímetros protegidos.

◍ Diseño de programas capaces de distinguir situaciones de riesgo reales y desestimar otras que no lo son que interfieren en una actuación, permitiendo así tomar decisiones muy ágiles a través del control de voz, etc.

Mejorar la calidad de vida de las personas es otro gran reto que, poco a poco, está siendo alcanzando gracias a la unión de la IA con el *Big Data*. Ejemplo de ello es el diseño de tecnologías dirigidas a optimizar la vida de personas que cuentan con limitaciones físicas o algún tipo de dolencia mental. Este tipo de innovación tecnológica recibe el nombre de **tecnología asistiva.**

La tecnología asistiva es toda aquella tecnología asistencial enfocada a mejorar la calidad de vida de los usuarios. Entre ella están, por ejemplo, la robótica social, los sistemas de aprendizaje, las sillas de ruedas inteligentes y una multitud de objetos, aplicaciones y sistemas automatizados inteligentes.

El carácter autónomo y automatizado de la tecnología asistiva impacta positivamente en la vida de personas, sobre todo en aquellos colectivos con capacidades diferentes, ya sean físicas o mentales. No hay que olvidar que todos los individuos que llegan a una etapa de ancianidad serán, en mayor o menor medida, "discapacitados funcionales".

 **VÍDEO**

En este vídeo se muestra un ejemplo de cómo un sistema automatizado e inteligente puede mejorar la vida de las personas.

¿Cómo el análisis de los datos permite a la inteligencia artificial proporcionar respuestas ágiles a problemas muy complejos? En este vídeo conocerás un interesante proyecto que permite a especialistas médicos de un hospital tomar las mejores decisiones apoyadas en la inteligencia artificial con idea de salvar pequeñas vidas indefensas.

https://redirectoronline.com/ifct163po0121

 APLICACIÓN PRÁCTICA

María, como directora de un conocido hospital, ha observado atentamente los beneficios que puede reportar la cantidad de datos y conocimientos aportados por la ciencia y la investigación, unido a los avances tecnológicos. Sin embargo, a la hora de explicarlo al equipo de gestión del centro hospitalario donde trabaja, tiene alguna dificultad para expresar la importancia de implementar tecnología *Big Data.*

Basándote en el documental visto en el recurso "Vídeo", responde a la siguiente pregunta:

¿Qué papel determinante juega el *Big Data*, como conjunto de tecnologías que tiene una eficiente manera de almacenar y procesar grandes volúmenes, en el programa que desarrolla este hospital?

Continúa en página siguiente >>

<< Viene de página anterior

Solución

El sistema consigue registrar los datos habituales del neonato, como son:

- Ritmo cardiaco.
- Respiración, etc.

Sin embargo, también es capaz de acumular otros datos en diferentes formatos como imágenes (a través de las cámaras), sonidos, etc. Monitorea todo lo que en tiempo real está ocurriendo, esfuerzo que limitaría la gestión eficaz de los cuidadores y especialistas. Se materializa toda la información obtenida y se estudia con importantes bases de datos de más de 500 bebés. Todos estos datos son tecnificados haciendo uso del *Deep Learning* a fin de alcanzar un exigente objetivo:

- Identificar las características comunes de una gran masa de datos y diferenciar en dos categorías los datos:

  - Bebés sanos.
  - Bebés con infección.

Big Data ayuda, por tanto, a que la tecnología inteligente pueda acceder a un importante volumen de datos que permitirá diferenciar la variabilidad cardiaca entre bebés sanos o infectados.

 TAREA 2

María participa como ingeniera en un proyecto de inteligencia artificial que, sin duda, supondrá una revolución en el mundo de la conducción. Lo que ella y su equipo han conseguido es crear un radar basado en IA que permitirá detectar objetos, personas y animales más allá del campo de visión en la conducción. Por ejemplo, ¿puedes imaginar cómo reaccionaría un conductor cuando su coche le indique que, al girar en la próxima curva, encontrará un perro perdido en medio de la carretera?

Como recordarás, la inteligencia artificial tiene distintas áreas de aplicación. Sin embargo, el objetivo común, con independencia del campo de aplicación,

Continúa en página siguiente >>

<< Viene de página anterior

consiste en diseñar y construir máquinas con una inteligencia optimizada, capaces de emular a la mente humana.

Según esto, y teniendo en cuenta que la tecnología diseñada por María deberá emular las destrezas del ser humano, identifica las capacidades humanas que adopta esta tecnología basada en la inteligencia artificial, para igualar o incluso superar las habilidades naturales del ser humano.

---

7. Resumen

En contra de lo que pudiera imaginarse, la historia de la inteligencia artificial comenzó hace muchos siglos. Matemáticos, físicos y filósofos, genios del pensamiento, sentaron la base de conocimiento de la inteligencia artificial moderna:

- **Aristóteles (384-322 a. C.):** redactó un conjunto de reglas que gobernarían la faceta racional de la inteligencia humana y que sería emulado por la inteligencia sintética.
- **Ramon Llull (1232-1315):** formuló que el razonamiento útil podría conquistarse a través de fórmulas artificiales.
- **Leonardo da Vinci (1452-1519):** diseñó, entre otras muchas cosas, el mecanismo de una calculadora funcional.
- **Thomas Hobbes (1588-1679):** afirmó que el razonamiento era lo más parecido a una fórmula computacional, es decir, el humano suma y su pensamiento resta sin darse él cuenta.
- **Wilhelm Schickard (1592-1635):** creó, con las anotaciones de Da Vinci, la primera calculadora.
- **Gottfried Leibniz (1646-1716):** formó un artilugio mecanizado con la finalidad de ejecutar operaciones sobre concepciones y no sobre datos numéricos.
- **René Descartes (1596-1650):** constituyó el método cartesiano con el objetivo de evitar el error y permitir la deducción de aquello ya conocido. También pronosticó algunas dificultades con las que se encontraría la IA y que aún persisten.

Entrado el siglo XX, fueron otros los protagonistas quienes impulsaron con fuerza el desarrollo de la inteligencia artificial:

- **Alan Turing** y su conocida **máquina de Turing,** capaz de realizar infinidad de cálculos matemáticos siempre y cuando pudiera representarse el algoritmo.
- **McCulloch** y **Walter Pitts,** con la creación del primer **modelo neuronal artificial moderno** (conjunto de neuronas artificiales interconectadas mediante conectores lógicos, conformando una estructura en forma de red). Esto significaba que cualquier función que permitiera un cálculo podría ejecutarse mediante estas neuronas artificiales.
- **Marvin Minsky** y **Dean Edmonds,** con la creación del primer ordenador con estructura neuronal: el **SNARC.**
- **John Patrick McCarthy,** padre del concepto de inteligencia artificial y organizador de la conferencia de genios en IA en **Dartmouth,** de donde surgió el programa *Logic Theorist.*

Ya en el año 1957, fueron **Simon, Shaw** y **Newell** quienes crearon *General Problem Solver* **(GPS),** el primer programa informático capaz de resolver problemas generales, seguidos de **Herbert Gelernter,** inventor de *Geometry Theorem Prover,* artilugio cuya tecnología basada en inteligencia artificial era capaz de demostrar teoremas de geometría.

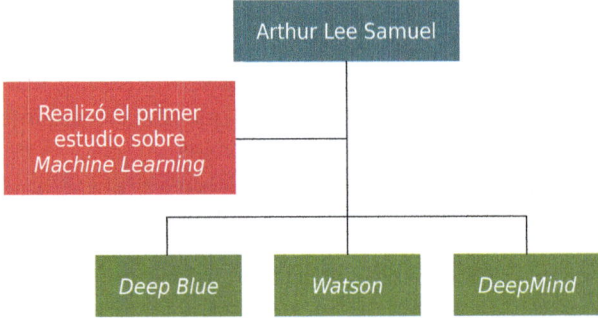

La inteligencia artificial es un gran edificio construido con **algoritmos.** Los algoritmos se nutren de los datos, que son utilizados para obtener un aprendizaje a partir de ellos. Los datos empleados para crear los algoritmos son diversos.

Los algoritmos de la inteligencia artificial pueden describirse como maestrías matemáticas de aprendizaje.

La Real Academia de la Lengua Española define los algoritmos como un conjunto ordenado y finito de operaciones que permite hallar la solución de un problema.

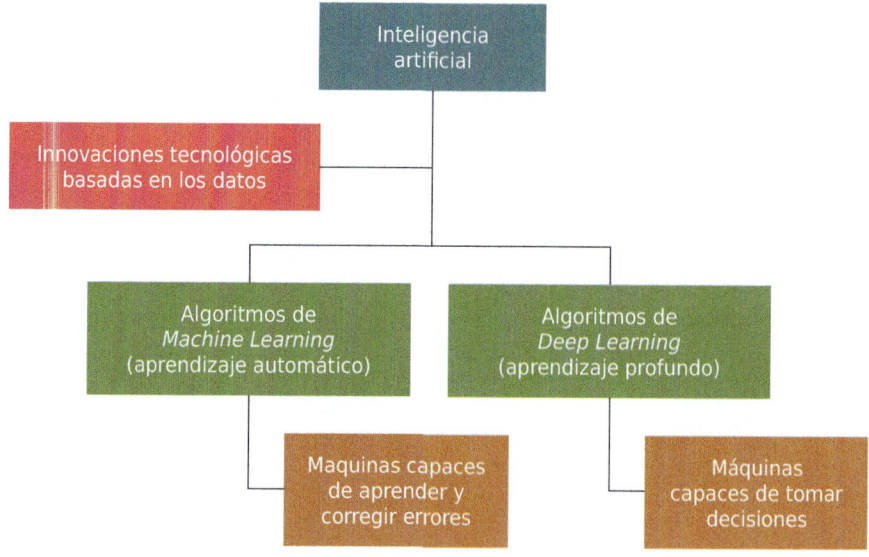

El verdadero **desarrollo de los sistemas de expertos** viene de la mano de una nueva relación que **asocia la inteligencia artificial con el *Big Data.*** Las empresas se ayudan de esta asociación para mejorar la calidad del servicio al cliente y optimizar la experiencia de sus usuarios, adoptando una nueva filosofía.

El verdadero proceso de transformación digital de las empresas se ve acelerado cuando se implementa tecnología fundamentada en los datos, combinada con la inteligencia artificial:

➲ *Big data*
➲ Inteligencia artificial

La conjugación de dos **potentes fuerzas, como son la IA y el *Big Data,*** hace posible que las organizaciones salgan beneficiadas por dos motivos fundamentales:

➲ Permite que la tecnología organice los datos relevantes que son no estructurados y establece distinciones entre los datos que aportan valor al negocio para la creación de estrategias empresariales.

➲ Permite rechazar aquellos otros datos insignificantes que retrasan los procesos y la toma de decisiones en las organizaciones que tienen todavía una cultura basada en el *Data Centric*.

No hay que olvidar que las tecnologías van madurando y, sobre ellas, se asientan otras nuevas que sirven de impulso para seguir avanzando e innovando.

Ejercicios de autoevaluación
Unidad de Aprendizaje 1

1. Indica si las siguientes afirmaciones son verdaderas o falsas:

a. En un mundo desarrollado donde coexistirán personas y máquinas, es necesario entender y comprender no solo el papel otorgado a la nueva tecnología, sino también la labor del ser humano en este escenario.

- Verdadero
- Falso

b. El objetivo principal de la inteligencia artificial es permitir a las empresas ser competitivas.

- Verdadero
- Falso

c. La historia de la inteligencia artificial comienza de la mano de reflexiones del filósofo Aristóteles.

- Verdadero
- Falso

2. ¿Qué personaje formuló el principio por el cual era posible la extracción de conclusiones de forma mecánica, partiendo de indicios o premisas iniciales?

a. Descartes
b. Aristóteles
c. Platón
d. Leonardo da Vinci

3. El método cartesiano de Descartes proponía cuatro reglas. El objetivo principal de esta técnica era evitar el error y permitir la deducción de aquello que ya es conocido. ¿Qué orden se debe seguir para que el método cartesiano sea correcto?

a. Evidencia, análisis, síntesis y comprobación.
b. Síntesis, evidencia, comprobación y análisis.

c. Análisis, evidencia, síntesis y comprobación.

d. Comprobación, síntesis, análisis y evidencia.

4. ¿Quién supo definir por primera vez el concepto de algoritmo?

a. Gottfried Leibniz

b. Thomas Hobbes

c. Ramon Llull

d. Alan Turing

5. ¿Qué nombre recibió el artilugio que permitió por primera vez simular la lógica humana?

a. La calculadora funcional de Wilhelm Schickard.

b. La máquina de Turing.

c. La máquina de Gottfried Leibniz.

d. Todas las opciones son incorrectas.

6. ¿Qué finalidad tenía el test de Turing?

a. Obtener respuestas concluyentes que permitieran detectar errores en una "máquina inteligente".

b. Obtener respuestas concluyentes que permitieran crear un estándar de "máquina inteligente".

c. Obtener respuestas concluyentes que permitieran diseñar una "máquina inteligente".

d. Obtener respuestas concluyentes que permitieran rechazar diseños de "máquinas inteligentes".

7. ¿Qué aspecto contemplaba el primer modelo neuronal moderno de McCulloch y Pitts?

a. La fisiología básica del cerebro y el funcionamiento de las neuronas.

b. La lógica proposicional (Russell y Whitehead).

c. La teoría de la computación de Turing.

d. Todas las opciones son correctas.

8. ¿De qué se compone una red neuronal artificial?

    a. De axiomas
    b. De dendritas
    c. De botones sinápticos
    d. De nodos

9. ¿Qué nombre recibió el primer ordenador diseñado por Marvin Minsky y Dean Edmonds con estructura neuronal?

    a. ORNS
    b. CARNS
    c. SNARC
    d. CRAST

10. ¿En qué lugar se dio el primer encuentro de genios estudiosos de la inteligencia artificial cuyo evento recibió su propio nombre?

    a. Edinburgh
    b. Hannover
    c. Seatle
    d. Dartmouth

Glosario

A/B *testing*
Procedimiento estadístico por el cual se hace una comparativa entre técnicas de medición.

Accuracy (exactitud)
División de predicciones bien realizadas en un modelo de clasificación. Para la clasificación de clases múltiples, la exactitud es:

⮞ Exactitud = Predicciones correctas / N.° total de ejemplos

Y para la clasificación binaria:

⮞ Exactitud = (Verdaderos positivos + Verdaderos negativos) / N.° total de ejemplos

Activation function (función de activación)
Función que añade la suma ponderada de todas las entradas de la capa anterior generando un valor de resultado pasando a la capa siguiente.

Algoritmo
Conjunto ordenado de operaciones metódicas que permite calcular y hallar la respuesta como solución a un problema.

Aprendizaje
Sinónimo de entrenamiento.

AUC
Métrica de evaluación que tiene en cuenta todos los umbrales de clasificación posibles.

Autónomo
Dispositivo basado en inteligencia artificial que no requiere de la ayuda humana para realizar tareas.

Backpropagation (propagación inversa)
Modelo simple de referencia que sirve como punto de partida para hacer una comparativa sobre la eficacia del cometido de un modelo.

Batch size (tamaño lote)
Número de ejemplos que hay en un lote de entrenamiento.

Binary classification (clasificación binaria)
Tipo de tarea predictiva que ofrece como resultado una única alternativa.

Binning (discretización)
Consulta de agrupamiento.

Bucketing (agrupamiento)
Conversión de un atributo en un rango de valores.

Calibration layer (capa de calibración)
Procedimiento posterior a la tarea predictiva que indica el margen de predicción.

Categorical data (datos categóricos)
Atributos que cuentan con un conjunto discreto de posibles valores.

Centroid (centroide)
Resultado del cálculo del centro de un clúster por el algoritmo *k-medias*.

Checkpoint (punto de control)
Datos que capturan el estado de las variables de un modelo en un momento en particular. Facilita la exportación de pesos del modelo, permite llevar a cabo el entrenamiento en varias sesiones y admite que el entrenamiento prosiga después de los errores.

Científicos de datos
Profesionales expertos en datos que aplican técnicas de minería de datos y construyen y entrenan modelos de aprendizaje automático.

Class (clases)
Conjunto de valores o instancias que poseen la misma identidad. Segmentación por etiqueta. Por ejemplo:

- En modelos de clasificación binaria, detecta si se trata de un gato o un perro.
- En modelos de clasificación de clases múltiples, detecta distintas razas de perros: pastor alemán, cocker, etc.

Classification model (modelo de clasificación)

Modelo específico de aprendizaje automático que hace distinciones entre clases discretas. Por ejemplo, un modelo de clasificación de procesamiento de lenguaje natural determinará el idioma con el que el usuario se comunica.

Classification threshold (umbral de clasificación)

Es un criterio de valor que se usa para ordenar resultados de regresión logística a la clasificación binaria.

Clustering (agrupamiento en clústeres)

Agrupamiento de ejemplos relacionados asociados al aprendizaje no supervisado.

Clustering

Agrupación de instancias con características similares en grupos.

Collaborative filtering (filtrado colaborativo)

Tarea predictiva del algoritmo normalmente para crear sistemas de recomendaciones, en el que se hace una aproximación de los intereses de un consumidor en función a los intereses de otros muchos consumidores.

Confusion matrix (matriz de confusión)

Gráfica que resume el nivel de éxito obtenido en sus predicciones por un modelo de clasificación.

Continuous feature (atributo continuo)

Atributo que tiene un rango de valores infinitos.

Convergence (convergencia)

Hace referencia al estado alcanzado en un momento dado del entrenamiento del modelo en el que un entrenamiento extra no mejora los resultados.

Convolution (convolución)

Es una mezcla de dos funciones que mide el área de superposición entre ellas. En Machine Learning se utiliza para nombrar una operativa convolucional, es decir, el algoritmo tendrá que aprender el peso de forma separada para cada celda, lo que supondría el uso de mayores recursos. Esto supondría más memoria para el entrenamiento.

Cost (costo)

Equivalente de pérdida.

Cross entropy (entropía cruzada)

Representa una generalidad de pérdida logística para problemas de clasificación de clases múltiples. Permite cuantificar la diferencia entre dos grupos de probabilidad.

CSV (Comma-Separated-Value)

Archivo de texto en formato abierto que permite que los datos puedan ser clasificados y separados en columnas, comas y filas.

Data Analysis (análisis de datos)

Proceso por el cual se obtiene una comprensión de los datos mediante la atención de muestras, visualizaciones y mediciones. Es útil principalmente cuando se reciben por primera vez un conjunto o varios conjuntos de datos, antes de construir el primer modelo o algoritmo.

Datasets (conjuntos de datos)

Son bases de datos de diferentes índoles que, al aplicarse con tecnología *Big Data,* permiten su interpretación aun pudiendo ser estas muy voluminosas. De otra forma existirían grandes dificultades para interpretar este gran volumen de datos por sistemas de información estándar. Son colecciones de datos que se utilizan para entrenamientos prácticos de modelos.

Decision boundary (límite de decisión)

Se trata de un separador que divide clases. Es aprendido por el modelo frente a problemas de clasificación de clases múltiples o de clase binaria.

Deep model (modelo profundo)

Red neuronal que acoge a varias capas ocultas.

Dense feature (atributo denso)

Cualquier atributo en el que se encuentra una mayoría de valores que son distintos a cero.

Dense layer (capa densa)

Término equivalente a capa totalmente conectada.

Discrete feature (atributo discreto)

Atributo que contiene un conjunto finito de valores posibles.

Dropout regularization (regularización de retirados)

Método de regularización utilizado en el entrenamiento de redes neuronales.

Dynamic Model (modelo dinámico)

Modelo que se entrena en línea con actualizaciones continuas. Esto significa que constantemente ingresan datos al modelo.

Early Stopping (interrupción anticipada)

Metodología de regularización que obliga la finalización del entrenamiento del modelo antes de que el desgaste de entrenamiento deje de reducirse. Cuando ocurre la interrupción anticipada, el entrenamiento cesa en el momento en el que empeora el rendimiento de la generalización.

Embeddings (incorporaciones)

Atributo de categoría que representa un valor continuo.

Ensemble (ensamble)

Ensamblaje de las predicciones realizadas por varios modelos. Los modelos de aprendizaje profundo son un ejemplo de ensamblaje.

Epoch (repeticiones)

Proceso de entrenamiento global que hace un recorrido por todo el conjunto de datos, con idea de que sean observados una vez. Las repeticiones representan un número determinado de iteraciones.

ERM, *Empirical Risk Minimization* (minimización del riesgo empírico)

Activación de una función en la que el modelo minimizará la pérdida en el conjunto de entrenamiento.

Error cuadrático medio (MSE)

Criterio de evaluación para el cálculo de errores existentes entre dos conjuntos de datos.

Error medio absoluto (MAE)

Fórmula que proporciona la medida básica del error de pronóstico.

Example (ejemplo)

Fila de un conjunto de datos que contiene uno o más atributos y en ocasiones etiquetas.

Feature Engineering (ingeniería de atributos)

Procedimiento por el cual se determina cuáles serán los atributos más útiles para el entrenamiento de un modelo.

Features (características, atributo)

Corresponden a las variables de entrada que se utilizan para realizar predicciones.

Few-shot Learning (aprendizaje en pocos intentos)

Posición que adopta el aprendizaje automático para clasificar objetos. Se utiliza para aprender clasificadores ciertos con un pequeño número de conjunto de datos de entrenamiento.

FN, false negative (falso negativo)
Conjunto de datos en el que el modelo predijo de manera incorrecta la clase negativa.

FP, false positive (falso positivo)
Conjunto de datos en el que el modelo predijo de manera incorrecta la clase positiva.

Fully connected layer (capa completamente conectada)
Corresponde a la denominada "capa oculta", en la que los nodos correspondientes están conectados a otros nodos de la capa oculta sucesiva. Cuando la capa está completamente conectada también recibe el nombre de "capa densa".

Generalization (generalización)
Hace referencia a la capacidad del modelo de realizar predicciones certeras con datos que nunca fueron vistos.

Generalized Linear Model (modelo lineal generalizado)
Son modelos lineales que cuentan con propiedades específicas para la predicción, además no pueden aprender de nuevos atributos. Hacen la predicción del promedio del modelo óptimo de regresión de mínimos cuadrados que es igual a la etiqueta promedio de los datos de entrenamiento. Además, calculan la probabilidad promedio predicha por el modelo óptimo de regresión de mínimos cuadrados que es igual a la etiqueta promedio de los datos de entrenamiento.

Gradient Descent (descenso de gradientes)
Técnica que se utiliza para minimizar la pérdida de gradientes de forma iterativa con respecto a los parámetros del algoritmo, condicionados con los datos de entrenamiento.

Heuristic (heurística)
Define a aquella respuesta práctica pero no óptima a un problema, que al menos es suficiente para seguir progresando y aprendiendo.

Hidden layer (capa oculta)
Capa sintética en una red neuronal entre los atributos (capa de entrada) y la predicción (capa de salida). Las redes neuronales pueden contener una o muchas capas ocultas.

Hyperparameter (hiperparámetro)
Son las llamadas tasa de aprendizaje.

Hyperplane (hiperplano)
Marcación que hace una separación de un espacio en dos subespacios.

Inference (inferencia)
Se utiliza este término para hacer referencia al proceso predictivo con la aplicación del modelo entrenado a un conjunto de datos sin etiqueta.

Instance (instancia)
Término equivalente a un conjunto de datos o ejemplo.

Iteration (iteración)
Proceso repetitivo que se realiza para actualizar de una sola vez los pesos de un modelo durante su entrenamiento.

K-means (k-medios)
Es el algoritmo de agrupamiento más conocido y sirve para agrupar conjuntos de datos sin supervisión.

KSVM, *Kernel Support Vector Machines* (máquinas de vectores soporte de Kernel)
Es un algoritmo de clasificación cuyo objetivo consiste en la maximización de márgenes entre clases positivas y negativas a través de vectores.

Label (etiqueta)
Corresponde a la respuesta de un conjunto de datos.

Lambda
Término equivalente a tasa de regularización.

Layer (capa)
Define al conjunto de neuronas que forman parte de una red neuronal artificial que sentencian a los atributos de entrada o respuestas de esas neuronas.

Learning rate (tasa de aprendizaje)
Sirve para seguir escalando el entrenamiento, y con cada iteración, el algoritmo por medio del descenso de gradientes.

Least Squares Regression (regresión de mínimos cuadrados)
Es un modelo de regresión lineal sometido al entrenamiento por medio de la minimización de la pérdida L2.

Linear Regression (regresión lineal)
Es un modelo de regresión que ofrece una respuesta con un valor continuo partiendo de una combinación lineal de atributos de entrada.

Log loss (pérdida logística)
Corresponde a un atributo de pérdida que se utiliza en la regresión logística binaria.

Logistic Regression (regresión logística)
Es un modelo que genera una probabilidad aplicando una función sigmoide a una predicción lineal para cada valor de etiqueta discreto ante posibles problemas de clasificación.

Loss (pérdida)
Corresponde al cálculo de la distancia entre las predicciones de un algoritmo y su etiqueta.

Método cartesiano
Técnica propuesta por Descartes que engloba cuatro reglas y cuyo objetivo trata de evitar el error y permitir la deducción de aquello que ya es conocido.

Metric (métrica)
Corresponde a un número relevante que los sistemas tratan de mejorar como un objetivo.

Métrica de puntuación F1
Métrica de rendimiento de un modelo que evalúa los algoritmos de clasificación en función de la precisión y la sensibilidad de los resultados.

Mini Batch Stochastic Gradient Descent SGD (descenso de gradientes estocástico SGD de minilote)
Se trata de un algoritmo de descenso de gradientes que se utiliza en los minilotes.

Mini batch
Corresponde a un pequeño conjuntos de datos seleccionados arbitrariamente entre todo un lote de conjuntos de datos y dentro de una única iteración.

Model (modelo)
Término que representa un estándar de lo que un sistema de aprendizaje automático aprendió de los datos con los que ha sido entrenado.

Model Training (entrenamiento de modelos)
Procedimiento por el cual se acuerda cuál es el mejor modelo.

Multiclass classification (clasificación de clases múltiples)
Son problemas de clasificación para distinguir más de dos clases.

Neural Network (red neuronal)

Modelo de varias capas (alguna de ellas ocultas) que copia el funcionamiento del cerebro humano.

Neurona biológica

Es la principal célula del sistema nervioso que tiene como objetivo responder a estímulos mediante impulsos eléctricos. Las neuronas dan respuestas a las incitaciones advertidas generando una señal eléctrica dirigida a otra compañera neurona.

Node (nodo)

Concepto que describe una neurona en una capa oculta o bien una operación dentro de un flujo de trabajo.

Normalization (normalización)

Procedimiento por el cual se convierte en un estándar de valores un rango real de valores.

Numpy

Biblioteca matemática de código abierto que proporciona operaciones entre matrices eficaces en *Python. Pandas* se basa en *Numpy*.

Objective (objetivo)

Corresponde a la métrica que el algoritmo que se entrena debe mejorar.

Output layer

Corresponde a la capa final o capa de salida de la red neuronal que contiene la respuesta.

Overfitting (sobreajuste)

Término que hace referencia a la construcción de un modelo coincidente a otro pero que le resulta imposible realizar predicciones correctas con datos nuevos.

Parameter (parámetro)

Corresponde a la variable de un algoritmo en el que un sistema inteligente de aprendizaje automático se entrena por sí solo a través de las iteraciones.

Partial Dependece Plot

Técnica que permite observar el efecto de una o hasta dos características y la relación existente entre la variable de salida investigada.

Partitioning strategy (estrategia de partición)

Corresponde a un algoritmo cuya función es la de dividir las variables en servidores de parámetros.

PCA *(Principal Componet Analysis)*
Recurso que sirve para eliminar datos poco relevantes que no aportan valor al resultado predictivo de una máquina con inteligencia artificial y sí complican las labores de los algoritmos, haciéndoles perder efectividad.

Performance (rendimiento)
Da respuestas a cuánto de apropiado es un modelo o bien cómo son de certeras las predicciones.

Permutation Importance
Mecánica que sirve para la interpretación de modelos de aprendizaje automático haciendo uso de herramientas diversas.

Perplexity (perplejidad)
Comprobación de que el modelo está consiguiendo realizar su tarea.

Precision (precisión)
Corresponde a una métrica asociada a modelos de clasificación que identifica la frecuencia con la que un algoritmo hizo una certera predicción de la clase positiva.

Prediction (predicción)
Resultado que proporciona un modelo cuando se le da un conjunto de datos de entrada.

Prediction bias (sesgo de predicción)
Es la indicación que permite conocer cuánto de alejado está el promedio de las predicciones del promedio de etiquetas en el ejemplo o en el conjunto de datos.

Procesamiento natural del lenguaje
Red neuronal avanzada que puede analizar, comprender y dar respuestas al lenguaje humano a través de un programa informático.

Raíz del error cuadrático medio (RMSE)
Matriz que permite reducir la sensación de errores que ofrece la métrica error medio cuadrático.

Recall (recuperación)
Corresponde a una métrica de modelos de clasificación que dan respuesta a la cuestión siguiente

Red neuronal artificial
Es la base de la inteligencia artificial que desarrolla maneras de programar las computadoras de forma "inteligente". Se inspira en el modo en el que

funciona el cerebro de las personas transmitiendo señales a través de nodos también denominados "neuronas artificiales".

Reglas heurísticas
Instrucciones generales a la hora de realizar búsquedas de una solución a un problema y que sirven como elementos organizativos en el transcurso de la resolución.

Regression Model (modelo de regresión)
Consiste en un tipo de modelo que proporciona como resultado valores continuos (generalmente de punto flotante).

Regularization (regularización)
Se trata de una penalización por la complejidad de un modelo. Con la regularización se previene el sobreajuste.

Regularization rate (tasa de regularización)
Valor para escalar. Si aumenta la tasa de regularización, significa que se reduce el sobreajuste, pero ello puede traducirse en que los resultados de los modelos no sean tan precisos.

ReLU, Rectified Linear Unit (unidad lineal rectificada)
Es un atributo de activación de funciones con estas reglas:

- ➲ El resultado será cero si la entrada es negativa o cero.
- ➲ El resultado es igual a la entrada si esta es positiva.

Representation (representación)
Procedimiento por el cual se asignan datos a los atributos rentables.

RMSE, Root Mean Squared Error (error de la raíz cuadrada de la media)
Corresponde a la raíz cuadrada del error cuadrático medio.

ROC, Receiver Operating Characteristic (curva de rendimiento diagnóstico)
Representa la curva de la tasa de VP (verdaderos positivos) frente a la tasa de FP (falsos positivos) en distintos límenes o umbrales de clasificación.

Rotational invariance (invariancia rotacional)
Está asociado a un problema de clasificación de imágenes. Implica la capacidad del modelo para hacer una certera clasificación aun cuando se modifican las orientaciones de esa imagen.

Scaling (ajuste)

Procedimiento de ajuste por el cual se acota el rango de valores de un atributo con idea de que este coincida con el rango de los otros atributos en el conjunto de datos.

Semi-supervised Learning (aprendizaje semisupervisado)

Responde al entrenamiento de un algoritmo ante datos de entrenamiento con y sin etiquetas.

SGD, Stochastic Gradient Descent (descenso de gradientes estocástico)

Un modelo que se basa en un solo conjunto de datos seleccionados arbitrariamente con idea de realizar un cálculo para estimar el gradiente en cada paso.

Shap values (Shapley Additive exPlanation)

Técnica que interpreta los valores de las predicciones realizadas por los modelos durante el entrenamiento.

Sistema de expertos

Sistema informático capaz de emular el razonamiento propio del ser humano de la misma manera que lo concebiría un experto especializado en un área de conocimiento.

SRM, Structural Risk Minimization (minimización del riesgo estructural)

Modelo de aprendizaje automático que nivela dos objetivos:

- La aspiración de desarrollar el modelo más predictivo.
- La aspiración de mantener el modelo lo más simple posible.

Static Model (modelo estático)

Todo modelo que realiza el entrenamiento sin conexión.

Stationary (estacionalidad)

Se trata de una propiedad de los datos que permanece constante normalmente en un intervalo de tiempo. Un ejemplo de datos que manifiestan estacionalidad es aquel en el que estos no cambian de un mes a otro.

Step size (tamaño de paso)

Término equivalente a la tasa de aprendizaje.

Subsampling (submuestreo)

Término que responde a una consulta de reducción.

Supervided Machine Learning (aprendizaje automático supervisado)
Responde al entrenamiento de un algoritmo a partir de datos de entrada etiquetados.

Synthetic feature (atributo sintético)
Particularidad no presente entre los atributos de entrada, pero que procede de uno o más de ellos.

Target
Término que responde al concepto de etiqueta.

Temporal Data (datos temporales)
Datos que son rastreados en distintos puntos en el tiempo. Por ejemplo, ventas de flotadores registrados en verano que para cada día del año serían contemplados como datos temporales.

Test de Turing
Prueba de capacidad de la máquina para que esta pueda hacer alarde de un comportamiento denominado "inteligente", emulando el comportamiento humano.

TN, *true negative* (verdadero negativo, VN)
Resultado en el que el modelo hizo una predicción acertada de clase negativa. Por ejemplo, el algoritmo predijo que un determinado correo electrónico no era un correo *spam* y en realidad no lo era.

TP, *true positive* (verdadero positivo, VP)
Resultado en el que el modelo hizo una predicción de clase positiva. Por ejemplo, el algoritmo predijo que un determinado correo electrónico era un correo *spam* y así lo era.

Transfer Learning (aprendizaje por transferencia)
Proceso en el que se transfiere información de una tarea de aprendizaje automático a otra.

Unlabeled example (ejemplo sin etiqueta)
Conjunto de datos no etiquetados que contienen atributos.

Unsupervised Machine Learning (aprendizaje automático no supervisado)
Tipo de aprendizaje automático que localiza patrones en un conjunto de datos que habitualmente están sin etiquetar.

Validaton set (conjunto de validación)

Representación de un subconjunto del conjunto de datos, alejado del grupo de datos de entrenamiento, que se utiliza para realizar los ajustes de hiperparámetros.

Web Scraping

Técnica que recopila datos de distintas fuentes para ser extraídos de forma automática.

Weight (peso)

Las conexiones tienen coeficientes numéricos que van adaptándose según los impulsos que reciben; este coeficiente es el peso.

Bibliografía

Monografías

→ BODEN, M. A.: *Artificial Intelligence: A Very Short Introduction (Very Short Introductions).* Reino Unido: OUP Oxford, 2018.

> Libro de Margarita Boden, profesora de informática y divulgadora de la inteligencia artificial que a su edad avanzada y su gran sapiencia trata desde una perspectiva más espiritual el desarrollo y alcance de esta tecnología inteligente.

→ LEAL, S.: *No te vas a morir.* Sevilla: Punto Rojo Libros, 2019.

> Libro de Silvia Leal, divulgadora científica que trata la transformación digital.

→ RUIZ, J. M.: *Ciberleviatán: El colapso de la democracia liberal frente a la revolución digital.* Barcelona: Arpa Editores, 2019.

> Libro cuyo autor expone de forma muy didáctica la alternativa Ciberleviatán para promulgar un pacto entre la tecnología y la humanidad.

→ STUART Russell, P. N.: *Inteligencia Artificial. Un enfoque moderno.* Madrid: Pearson Educación, 2004.

> Libro que trata el origen y desarrollo de la inteligencia artificial desde una perspectiva innovadora.

→ VV. AA.: *A Proposal for the Dartmouth Summer Research Project on Artificial Intelligence.* Conferencia. *AI Magazine* (27-4), 2006.

> Documento que recoge los contenidos tratados en la Conferencia de Dartmouth como primer evento en el que se trató la inteligencia artificial por distintos expertos de la época, y en el que se pone de manifiesto la Declaración Fundacional de la Conferencia de Dartmouth.

Textos electrónicos, bases de datos y programas informáticos

→ Acelera los flujos de trabajo de medios, de: <https://www.dalet.com>.

Sitio web que comercializa servicios de multiplataforma para facilitar flujos de trabajo, basados en inteligencia artificial.

→ Aplicación de técnicas de Minería de Datos a datos obtenidos por el Centro Andaluz de Medio Ambiente (CEAMA), de: <https://masteres.ugr.es>.

Trabajo fin de máster que hace uso de la plataforma de aprendizaje automático *Weka* para explicar las distintas técnicas de minería de datos a través de ejemplos prácticos.

→ Aprendizaje de Reglas, de: <https://ccc.inaoep.mx>.

Documento publicado por INAOE que sirve de ayuda para comprender una estrategia básica de construcción de modelo basado en árboles de decisión y que hace una comparativa en la aplicación de dos conocidas reglas.

→ Aprendizaje por refuerzo, de: <https://canal.uned.es>.

Recurso educativo del Canal UNED sobre aprendizaje por refuerzo.

→ Articoolo, de: <http://articoolo.com/>.

Plataforma que utiliza inteligencia artificial para la creación de contenidos digitales únicos.

→ Así innovan los supermercados para ser más competitivos, de: <https://www.expansion.com>.

Artículo de prensa digital que informa de las nuevas tendencias de inteligencia artificial aprovechadas por el sector *Retail*.

→ Bertrand Russell: centenario de *Principios de las matemáticas*, de: <https://rac.es>.

Documento que trata los principios de las matemáticas recogidos en el XII Programa de Promoción de la Cultura y Tecnología.

→ Clases desbalanceadas en modelos de *Machine Learning*, de: <https://www.juanbarrios.com>.

Artículo web que explica con sencillez cómo afectan las clases desbalanceadas en *Machine Learning* y cómo se ha de proceder.

→ Clasificación de imágenes en *Python*, de: <https://www.aprendemachinelearning.com>.

Artículo web que muestra la manera en la que se puede construir una red neuronal haciendo una clasificación de imágenes en *Python*.

→ *Data Mining Toolbox in Python,* de: <http://jmlr.org>.

> Artículo publicado en la revista *JMLR,* que trata las técnicas de minería de datos en *Orange.*

→ *Data science technology forhuman sensemaking,* de: <https://www.anaconda.com/>.

> Sitio web que facilita un kit de herramientas específicas y de código abierto para la ciencia de datos *Python/R* y el aprendizaje automático.

→ Drift: La mejor Alternativa a Intercom para el chat de tu Web, de: <https://www.misingresospasivos.com>.

> Artículo que publicita un recurso para hacer un seguimiento de clientes potencial y dar una atención a clientes, haciendo uso de un recurso conversacional o chat dentro de la web.

→ Emérita Legal, de: <https://www.emerita.legal>.

> Sitio web de la plataforma de Emérita Legal orientada a la promoción de información de interés público en el ámbito de la justicia haciendo uso de la inteligencia artificial.

→ Estadísticas IA Conversacional: Chatbots NLP en 2020, de: Landbot: <https://landbot.io>.

> Artículo web que aborda el universo de la inteligencia artificial desde el enfoque conversacional.

→ Gestionamos todos tus proyectos de traducción, de: <https://berba.net>.

> Plataforma de *crowdsourcing* que utiliza inteligencia artificial para ofrecer servicios de traducción rápidos y calidad.

→ *Gradiente Descendiente para aprendizaje automático,* de: <https://www.iartificial.net>.

> Explicación del algoritmo Gradiente y su método a través de ejemplos.

→ Guía sobre el uso de las cookies. Agencia Española de Protección de Datos, de: <https://www.aepd.es>.

> Documento que aporta líneas de actuación para el cumplimiento de la normativa en materia de *cookies* y que permite vislumbrar la gran ingesta de datos recopilados de los usuarios a través de los servicios de internet.

→ Interpretación de Modelos de *Machine Learning,* de: <https://www.aprendemachinelearning.com>.

> Artículo web que trata a lo largo de todo su contenido interesantes temáticas relacionadas con el aprendizaje automático.

→ La Inteligencia Artificial, como el hacha, se puede usar para el bien o para el mal, de: <https://lab.elmundo.es>.

> Artículo web que observa la inteligencia artificial desde el prisma y conocimiento de la veterana experta Margaret Boden.

→ La matriz de confusión y sus métricas, de: <https://www.juanbarrios.com>.

> Artículo web que trata la matriz de confusión como el instrumento que permite la visualización del desempeño de los algoritmos de aprendizaje supervisado.

→ Las tendencias que debes conocer si eres emprendedor: del *Big Data* al *Blockchain,* de: <https://blogthinkbig.com>.

> Interesante artículo que hace recapacitar sobre el siguiente nivel de transformación digital que cualquier empresa o emprendedor debe implementar.

→ Librerías más usadas en *Python,* de: <https://decodigo.com>.

> Artículo que muestra una relación de librerías de *Python* para importar, acceder y crear.

→ Los sistemas de información: evolución y desarrollo, de: <http://files.granadasistemasdeinformaion-cur.webnode.es>.

> Documento que se puede encontrar en el repositorio de la UNIR, y que trata de los sistemas de información empresariales y su nuevo papel con la intervención de la inteligencia artificial para las relaciones laborales.

→ Lumen5, de: <https://lumen5.com/>.

> *Software* para la creación de contenidos visuales con inteligencia artificial que mejora la experiencia del editor.

→ *ManyChat: Paso a Paso en Español*, de: <https://benllyhidalgo.com>.

> Tutorial para aprender a construir un *bot* sin conocimientos de programación.

→ Métricas de Evaluación Clasificación con *Scikit Learn,* de: <https://aprendeia.com>.

> Vídeo del canal de Aprende IA que trata cómo se han de implementar las métricas de evaluación de algoritmos de clasificación con la librería de *Python.*

→ Newell, Simon & Shaw desarrollan el primer programa de inteligencia artificial 1955-7/1956, de: <https://www.historyofinformation.com>.

> Artículo que explica cómo nació el primer programa de inteligencia artificial.

→ Observatorio Nacional de Telecomunicaciones y la Sociedad de la Información. Obtenido de: <https://www.ontsi.red.es>.

> Sitio web del Observatorio Nacional de las Telecomunicaciones y de la Sociedad de la Información donde se pueden encontrar numerosos estudios, indicadores, políticas y estrategias en torno al desarrollo tecnológico y su impacto.

→ *Orange,* de: <https://orange.biolab.si/>.

> Sitio de descarga de *Orange.*

→ *Python,* de: <https://github.com>.

> Biblioteca de *Python* para depurar/inspeccionar clasificadores de aprendizaje automático y explicar sus predicciones.

→ Tendencias en *eLearning y Formación Online,* de: <https://www.expoelearning.com>.

> Artículo web que muestra interesantes aplicaciones de la inteligencia artificial en el sector de la formación *online.*

→ Tipos de aprendizaje automático, de: <https://medium.com>.

> Artículo web que hace distinción de los diversos tipos de aprendizaje automático, dando una explicación clara y concisa para comprender las diferencias.

→ *Transfer Learning* en modelos profundos, de: <https://empresas.blogthinkbig.com>.

> Interesante artículo web que trata desde el enfoque del aprendizaje profundo cómo clasificar imágenes con *Transfer Learning.*

→ Un filósofo en *Silicon Valley,* de: <https://ethic.es>.

> Interesante artículo que pone de manifiesto el papel del filósofo en la construcción de la inteligencia artificial.

→ Usando la Inteligencia Artificial para predecir dónde y cuándo caerá un rayo, de: <https://smart-lighting.es>.

> Artículo web que trata la capacidad predictiva de la inteligencia artificial para determinar situaciones futuribles de carácter atmosférico.

→ *Weka,* de: <https://waikato.github.io>.

> Sitio de descarga de *Weka.*